エネルギー政策論

エネルギー政策論

高橋 洋
Hiroshi Takahashi

岩波書店

目　次

序章　どうしてエネルギー政策を学ぶのか ……………………………… 1

第Ⅰ部　エネルギー概論　5

第1章　エネルギーと経済社会 …………………………………………… 7
　第1節　エネルギーの定義と分類　7
　第2節　エネルギーのサプライチェーン　9
　第3節　エネルギー供給　11
　第4節　エネルギー消費　14
　第5節　エネルギーフローとエネルギー損失　17
　第6節　日本のエネルギー需給　20

第2章　多様なエネルギーとその特徴 …………………………………… 27
　第1節　石　炭　27
　第2節　石　油　30
　第3節　天然ガス　32
　第4節　原子力　36
　第5節　水　力　39
　第6節　その他の再生可能エネルギー　42
　第7節　水素エネルギー　49
　第8節　省エネルギー　51

第Ⅱ部　エネルギー政策理論　57

第3章　エネルギー政策の基礎概念 ……………………………………… 59
　第1節　公共政策とその要素　59
　第2節　政府の役割と市場の失敗　60
　第3節　公共財，自然独占，外部性　62
　第4節　エネルギー政策における3E　65

第5節　諸外国の3Eの状況　69
第6節　エネルギーミックスの考え方　74

第4章　エネルギー政策の枠組み　79
第1節　政策体系　79
第2節　政策の形式　81
第3節　エネルギー政策の分類　82
第4節　エネルギー関連法制　88
第5節　エネルギー対策特別会計　91
第6節　エネルギー関連税制　93

第5章　エネルギー政策の過程と主体　97
第1節　政策過程のサイクルと政策形成　97
第2節　政策の実施，評価，継続と革新　99
第3節　エネルギー政策過程の主体　102
第4節　資源エネルギー庁とその組織編制　106
第5節　エネルギー政策形成過程の特徴と類型　108

第Ⅲ部　エネルギー政策総論　113

第6章　世界と日本のエネルギー政策の変遷　115
第1節　イギリス発の産業革命と石炭　115
第2節　明治維新と富国強兵　117
第3節　日本の戦後復興と流体革命　118
第4節　石油危機と原子力開発　121
第5節　気候変動問題と自由化の時代　122

第7章　諸外国のエネルギー情勢とエネルギー政策　125
第1節　アメリカのエネルギー政策　126
第2節　イギリスのエネルギー政策　128
第3節　フランスのエネルギー政策　130
第4節　中国のエネルギー政策　132
第5節　ロシアのエネルギー政策　134

第Ⅳ部　エネルギー政策各論　137

第8章　石油危機からシェール革命へ　139
第1節　スタンダードオイルの分割と石油メジャー　139
第2節　資源ナショナリズムと石油危機　141
第3節　石油危機への日本の政策対応　143
第4節　アメリカにおけるシェールガスの開発　148
第5節　シェール革命の世界的影響　150

第9章　公益事業と電力自由化　155
第1節　公益事業と法定独占　155
第2節　日本の電気事業と9電力体制　158
第3節　電力自由化と競争政策　159
第4節　構造規制としての発送電分離とその類型　162
第5節　欧米の電力自由化の政策過程　165
第6節　日本の電力自由化の政策過程と電力システム改革　167

第10章　気候変動問題と環境・エネルギー政策　173
第1節　環境政策の手法と原則　173
第2節　気候変動問題と温室効果ガス　175
第3節　気候変動問題の世界的構図　178
第4節　省エネルギーとエネルギー効率の向上　179
第5節　低炭素化と再生可能エネルギー，原子力，CCS　183
第6節　気候変動枠組み条約とパリ協定　185
第7節　環境政策とエネルギー政策の融合　188

第11章　再生可能エネルギーとエネルギー転換　191
第1節　再生可能エネルギーと固定価格買取制度　191
第2節　再生可能エネルギーの世界的導入と日本の状況　196
第3節　風力・太陽光の出力変動問題　199
第4節　ドイツのエネルギー転換とグリーン成長　200
第5節　地域主導の分散型エネルギーシステムとエネルギー自治　205
第6節　日本におけるエネルギー自治へ向けた取り組み　209

第12章　福島第一原発事故と日本のエネルギー政策の展開……… 213
　第1節　原子力開発における国策民営と電源三法　213
　第2節　福島第一原発事故による電力危機　216
　第3節　東京電力の事故責任と費用負担　218
　第4節　福島第一原発事故の原因究明と「規制の虜」　221
　第5節　原発の運転停止と燃料費の高騰　224
　第6節　民主党政権下の革新的エネルギー・環境戦略　226
　第7節　自民党政権下のエネルギー基本計画2014　230

終章　エネルギー問題の行方，エネルギー政策の役割 ………… 235

コラム
　1　エネルギーの単位………12
　2　エネルギー関連の統計データ………23
　3　都市ガスとLPガス………35
　4　設備容量，発電電力量，設備利用率………40
　5　排熱利用と熱電併給………45
　6　市場の失敗と政府の失敗………64
　7　再生可能エネルギー，新エネルギー，自然エネルギー………89
　8　省エネルギー政策におけるトップランナー方式………145
　9　メタンハイドレートの可能性………152
　10　公益事業と公共事業………157
　11　規制改革，規制緩和，規制撤廃，再規制………164
　12　デマンドレスポンスとスマートメーター………169
　13　電力使用制限令と規制的手法………180
　14　討論型世論調査………228

引用文献一覧　239
あとがき
索　引

序章
どうしてエネルギー政策を学ぶのか

エネルギー問題の重要性

　2011年の東京電力福島第一原子力発電所(以下,原発)の過酷事故(以下,福島原発事故)以降,日本ではエネルギー政策の重要性がかつてなく高まっている.原発をどうするか,再生可能エネルギー(以下,再エネ)に頼ることはできるか,電力の小売り全面自由化によって電力ビジネスはどうなるか,あるいは,気候変動に関するパリ協定はどのような影響をもたらすか,電気自動車や燃料電池車はいつ普及するのか.政策の現場からビジネスの最前線まで,そして一般市民の間でも,これだけエネルギー問題が議論されたことはなかっただろう.
　一方で世界的に見れば,以前からエネルギー問題は極めて重要な政策課題であり続けている.人類は気候変動問題にどう対処すべきか,アメリカ発のシェール革命はどこまで世界的に拡大するか,中東やウクライナの情勢が資源外交にどう影響するかなど,エネルギーを巡る国際情勢が新聞紙面をにぎわさない日はないだろう.食糧などと並んでエネルギーは経済社会の不可欠な財であり,国家の介入の対象であり続け,戦争の一因にもなってきた.
　多くのエネルギーを輸入に頼っている日本もその例外ではないが,福島原発事故以前にエネルギー政策が社会的注目を集めることは少なかった.それは第1に,戦後長らくほとんどのエネルギーを海外に依存してきたため,外交や国際関係が大きく介在する分野であり,一般人がそのあり方を考えるには縁遠いものと感じられてきたからではないか.第2に,エネルギー産業では独占体制が長らく続いた結果,消費者である国民が関与する余地が小さく,エネルギーは独占企業や政府が用意してくれるものといった意識が固定化されたことも影響していよう.
　しかしその結果,エネルギー政策が限られた所管省庁と業界の間で,必ずし

も透明性の高い議論を経ずに決められてきたのではないかとの批判が，福島原発事故後になされるようにもなった．そして今後のエネルギー情勢を考える上では，再エネの普及や電力自由化といった，一般市民や地域企業が直接関与する余地が増えているとの見方もある．だからこそ現在の日本では，エネルギー政策に関する多角的でオープンな議論が急務となっているのではないか．

エネルギー政策の学問的位置付け

　学問的に見れば，エネルギー政策は公共政策論の1個別分野と位置付けられる．しかし金融政策や環境政策，社会保障政策などと比べれば，体系的に確立されているとは言い難い．工学部電気工学科では電力の技術体系について包括的に教えているものの，社会や経済といった観点からエネルギー問題を俯瞰し，その政策的対処法を教える社会科学の授業は，大学にはほぼなかったのである．

　それにはいくつかの理由が挙げられるだろう．第1に，エネルギーや電力は技術的な側面が強く，一般人には，特に文科系の学生には理解が難しかった．第2に，公共政策論あるいは公共政策学自体が比較的新しい学問分野であり，その学際性などから体系化が道半ばの状態である．第3に，その個別分野であるエネルギー政策を理解するには，公共政策論以外に複数の学問分野の知見を総合的に借用しなければならず，それは研究者にとって容易なことではなかった．

　しかし福島原発事故以降，エネルギーを巡る政策について様々な立場から議論することが，日本でも一般的になってきた．そこでは，一方的な見方や感情論に流されず，理論と事実，データに基づいた客観的な議論が求められる．すでに環境経済学や環境政策論といった大学の授業の中では，気候変動対策の観点からエネルギー問題に触れることは，一般的になっている．今こそ，エネルギー問題に特化した公共政策に関する知識の体系化が必要とされているのである．

本書の狙いと構成

　本書は，筆者が知る限り日本で初めての，エネルギー政策に関する体系的な教科書となる．大学でエネルギー問題を多角的に学ぶ必要性が高まっている現

状に応え，主として政治学・公共政策論の立場から，エネルギーの基礎的事項や関連する問題の特徴を説明した上で，これらを巡る政策的処方箋や政策過程に関する考え方を整理し，さらに海外の情報も交えながら具体的政策課題について分析したい．

エネルギー政策論は公共政策論を基礎としつつも学際的分野であり，環境経済学や公益事業論，規制政策論，行政学といった分野との関係が深い．また，最低限の工学的知識や国際関係の理解も必要とされる．これら関連する学問分野の知見を適宜援用しつつ，エネルギー政策論としての体系化を試みることが，本書の最大の狙いである．

本書は大きく4部から構成される．第Ⅰ部は「エネルギー概論」と題し，エネルギーそのものに関する基礎知識や経済社会との関係を概観する．第Ⅱ部は「エネルギー政策理論」と題し，公共政策論の基礎概念を踏まえた上で，エネルギー政策の枠組みや政策過程の特徴を解説する．第Ⅲ部は「エネルギー政策総論」と題し，ここまでの基礎知識を前提として，世界と日本のエネルギー政策を歴史的に振り返るとともに，5つの主要国について国別にエネルギー情勢と政策を概観する．第Ⅳ部は「エネルギー政策各論」と題し，現代社会におけるエネルギー問題をイシュー別に整理して紹介する．すなわち，シェール革命，電力自由化，気候変動問題，エネルギー転換，福島原発事故といった5つの政策課題について，実践的に考察する．

本書の特徴と内容

本書は概ね大学学部生・大学院生を対象にし，初学者にもわかりやすいエネルギー政策に関する入門的な教科書を目指している．そのため専門用語を厳選するとともに，その都度わかりやすい説明を加えるよう心がける．また関連する話題や最新の情報を**コラム**として独立した形で取り上げ，読者の多様な関心に応える．さらに，本教科書を読んだ後の専門的な参考文献を各章の最後に紹介する．

エネルギー分野では，1次エネルギー供給量やエネルギー自給率，温室効果ガス排出量や発電電力量といった，様々なデータが扱われる．これらの定量的データは，エネルギーにまつわる事実関係の把握に寄与すると同時に，客観的

な政策論議にも不可欠である．本書でも多数のデータを活用し，グラフなどの形で分かりやすく掲載するとともに，それらを読者が活用できるようデータ集や関連ウェブサイトについても紹介する[1]．

また政策論である以上，政策内容の説明に止まることなく，それが形成された政策過程を明らかにすることも欠かせない．政策過程や政策主体に関する理論も踏まえて，読者が政策分析を行うスキルを得られるように配慮した．そして第Ⅳ部で，シェール革命や気候変動問題といった現在進行中の個別政策課題を取り上げることで，第Ⅱ部の理論を本書の中で応用できるように考えた．

特に本書を執筆するきっかけとなった福島原発事故と，現在まで続く政策転換の経緯については，第12章において紙幅を割いて詳述する．他方で，脱原発か原発推進かといった原理的な対立に陥り易い状況も踏まえ，できる限り客観的な叙述を心がけ，賛成・反対の様々な意見を紹介するよう努める．

本書が関連する授業で頻繁に使われるようになり，あるいはエネルギー問題に関心を持った方が本書を手に取ることで，現在の日本にとって極めて重要なエネルギー政策に関する議論が十分に深まることが，筆者の最大の願いである．

---

[1] なお，本書で引用したウェブサイトからの情報については，すべて2017年10月1日時点で閲覧したものである．

第Ⅰ部：エネルギー概論

　エネルギー政策の対象は，様々な形態で利用されるエネルギーという財である．これに関する政策を勉強するには，まずエネルギーについて最低限の知識がなければならない．大学の工学部などでは工学的な観点からエネルギーについて教えており，電気工学という学問分野もある．これに対して本書では，主として社会科学的な観点からエネルギーを理解することが求められる．すなわち，エネルギーにはどのような種類があり，経済社会においてどのような役割を果たしているのか，どのように供給され，消費されているのか，といった基礎的な知識が必要となる．

　このため第Ⅰ部では，「エネルギー概論」として，主としてエネルギー全般の初学者を対象として，エネルギーそのものを解説する．第1章では，枯渇性エネルギーや再生可能エネルギー（以下，再エネ），1次エネルギーや2次エネルギーといった分類を紹介し，これらの供給と需要の仕組みを概観する．第2章では，もう少し詳しく，化石エネルギーである石炭，石油，天然ガス，そして原子力エネルギー，水力や太陽光，風力などの再エネ，そして省エネルギー（以下，省エネ）などについて，個別に解説する．

　工学部でエネルギーの基礎を勉強した，あるいは仕事の関係でエネルギーそのものについては詳しいという方は，第Ⅰ部を飛ばしていただいても構わない．第Ⅱ部以降を読み進める中で疑問がわけば，第Ⅰ部に戻るという方法もあるだろう．

第1章
エネルギーと経済社会

第1節 エネルギーの定義と分類

動力としてのエネルギー

　自動車はガソリンがなければ動かないし，飛行機はジェット燃料がなければ飛ばない．製鉄所の高炉では大量の石炭が燃やされる一方で，電炉では大量の電気が使われる．その電気は，天然ガスや原子力，あるいは水力や太陽光といった（1次）エネルギーによって発電されている．これらのエネルギーが十分になければ現代社会は成り立たないことを，容易に理解してもらえるだろう．
　このようにエネルギーは，さまざまな「仕事」をしてくれるのであり，「仕事をする能力」という意味のギリシャ語の「エネルゲイア」に由来すると言われている．『広辞苑』では，エネルギーとは，「物理学的な仕事をなし得る諸量の総称」とされている．本書では，「人類が産業・運輸・生活などの経済社会分野において，自然環境上の制約を克服するために使われる動力源」としておこう．

化石と非化石，枯渇性と再生可能

　エネルギーは多種多様であり，いくつかの分類を行うことができる（図1-1）．第1にその由来に応じて，化石エネルギーと非化石エネルギーに分けられる．化石エネルギーは，古代地質時代の植物や動物の死骸が化石となり，数億年から数千万年をかけて生成されたもので，石炭，石油，天然ガスなどが挙げられる．化石燃料とも呼ばれるように，主として火を起こすために用いられ，特に産業革命以降の人類の経済発展を支えてきた．これら以外が非化石エネルギーであり，原子力や再エネが該当する．非化石エネルギーは，原則として二酸化

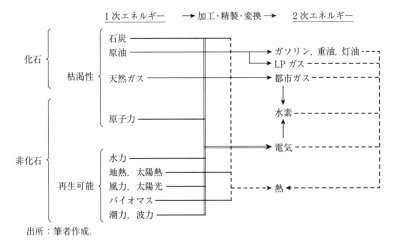

図1-1 エネルギーの分類

炭素を排出しないという特徴を持つ．

 第2にその利用後の態様に応じて，枯渇性エネルギーと再エネに分類できる．化石エネルギーは，利用すれば二酸化炭素などを排出した上でなくなる．数千万年という月日を待てば新たな化石エネルギーが生成されうるが，現代社会の時間軸からすれば減る一方であり，最終的には消費し尽くされる．原子力も，鉱物資源であるウランに由来するため枯渇性エネルギーである．原発については，使用済核燃料を再処理して再利用する方法(核燃料サイクル)が可能であり，技術的にも検討されてきたが，未だ部分的にしか実現していない．

 利用しても枯渇しない，換言すればそれ以上の速度で自動的に再生産されるのが，再エネである．太陽光は雨の日には減衰するものの，年間を通して見れば一定量を毎年のように提供してくれる．水力は渇水期があるものの，これも概ね継続的に水車を動かし続けてくれる．地熱は地中から取り出した蒸気や熱水を活用するため，数十年といった単位では枯渇する可能性があるが，化石エネルギーのように消費した分だけ必ずなくなるというものではない．一方で木質バイオマスは実体的には燃料であり，燃料として使われれば即刻なくなるが，植物という性質上再生可能と位置付けられている．

1次エネルギーと2次エネルギー

第3に供給のあり方に着目すれば，1次エネルギーと2次エネルギーに分類できる．エネルギーとは，本質的に自然界に存在するものであり，それを人類が取り出して利用する形態を取っている．その中でも1次エネルギーとは，ほぼ自然界に存在する状態でそのまま利用可能なエネルギーである．例えば石炭は，地中から掘り出したものをボイラーなどで燃焼させることで動力を生み出す．原油も1次エネルギーであり，これを製油所で精製することでガソリンや灯油，LPガスができる．

石油精製の例のように，1次エネルギーを加工・精製したものが2次エネルギーである．電気は典型的な2次エネルギーであり，自然界には（静電気や落雷などの例を除いて）大量には存在しない．そのため，化石エネルギーを燃やしたりウランを核分裂させたりすることによって発電する．水素エネルギーも，都市ガスなどから改質して作り出すため，2次エネルギーに該当する．

第4に，工学的な形態からの分類も可能である．位置エネルギーは，ある物体がある位置にあることで蓄えられる．それが高い所から落下する時に，運動エネルギーに転化する．水車を回す流水がこの典型例として挙げられる．熱エネルギーは，摩擦によって生じ，燃やしたり温めたりする能力がある．電気エネルギーは，電子の流れによって生じ，モーターを回したり（運動エネルギー），熱を生み出したり（熱エネルギー），照明を点けたり（光エネルギー）することができる．原子力は原子核が分裂する時に発生する核エネルギーを指す．このように，エネルギーは様々な形態に変化しうる．

第2節　エネルギーのサプライチェーン

供給から需要へ，海外から国内へ

上記のようなエネルギーを現代社会で消費するには，エネルギー企業などによって利用可能な状態で供給されなければならない．枯渇性エネルギーは油田や炭鉱など自然界の特定の場所に偏在しているため，そこから採掘した上で，需要地や消費者のところまで輸送してこなければならない．換言すれば，輸送や貯蔵の容易さはエネルギーの利用において重要な論点になる．日本はエネ

ギーのほとんどを中東など海外から輸入しているため，このサプライチェーンは海外から国内へとつながっている．逆にエネルギー輸出国においては，自国内で産出したエネルギーを国内及び国外へ輸送するサプライチェーンを考えなければならない．

　サプライチェーンの川上は，ガス田の探査や油田の掘削から始まり，石油会社や商社などが主役となる．海外の場合には，石油メジャーやオイルメジャーと呼ばれる国際石油資本(第8章)や産油国政府も関与する．中東など政情が不安定な地域では，様々なカントリーリスクも考慮しなければならず，外交や地政学とも関係してくる．調達したエネルギーの輸送には，タンカーなどを保有する海運会社が大きな役割を果たす．ここでも，例えばペルシャ湾の出口に当たるホルムズ海峡を無事に通過できるか，南シナ海の情勢が安定しているかといった，エネルギー安全保障(第3章第4節)の確保が重要になる．

　日本は島国であり，また東アジアにおける地政学的な事情もあり，エネルギーの輸入は基本的に船舶によるが，海外ではパイプラインや送電網を通じて行うことも一般的である．例えば欧州では，国際的なガスパイプライン網が敷設されており，北海油田やロシアなどから大量の天然ガスを気体のままで輸出入していることはよく知られている．日本は天然ガスを輸入するに当たり，気体を液化して容積を減らすため，液化天然ガス(LNG)船を活用している．

国内のエネルギー供給網と公益事業

　船舶やパイプラインを通じて国内に運ばれてきたエネルギーは，国内のエネルギー供給網に接続される．港湾などにあるLNG基地で気化され，調整された都市ガスは，ガス導管を通じて各家庭に運ばれる．原油は製油所を通してガソリンなどへ精製され，タンクローリーによってガソリンスタンドに運ばれる．石炭は火力発電所に運ばれて，電気となって送配電網を通じてオフィスビルに送られる．これらは，1次エネルギーから2次エネルギーへの変換の過程に該当する．

　このような国内のエネルギー供給事業を安定的に運営するのが，ガス会社や電力会社といった公益事業者の役割になる．これらエネルギー供給事業は自然独占性が高く(第3章第3節)，通常の財と比べて必需性が高いこともあり，政

府による規制や監督が求められる．

　こうしてエネルギーは，消費者の元へ届けられる．消費者の立場からは，どのような1次エネルギーに由来しているかよりも，消費の形態が重要であろう．例えば電気は，照明や家電の動力源として使われる．LPガスは調理や給湯に，灯油は暖房に使われる．ガソリンスタンドに行けば，自動車用にガソリンを，石油ストーブ用に灯油を購入できる．いうまでもなく，企業もエネルギーを使う．エネルギーの供給が途絶えれば，経済活動に大きな影響を及ぼす．

第3節　エネルギー供給

今後も4分の3が化石エネルギー

　このようなエネルギーの流通量は，供給段階と消費・需要段階で捕捉するこ

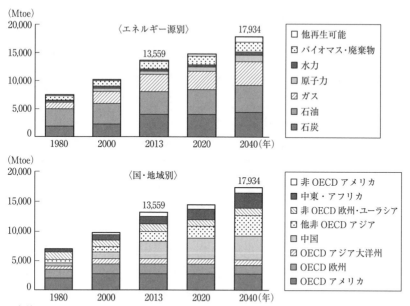

出所：IEA, World Energy Outlook, 2009, 2015. 2020年・2040年は予測値（新政策シナリオ）．
国・地域別のグラフには国際海洋航空運輸を含まない．なお，world primary energy demandと表記されているが，1次エネルギー総供給量（TPES）に該当すると思われる．

図1-2　1次エネルギー供給量の推移と予測

とができる．図1-2は，世界の1次エネルギー供給量の推移をエネルギー源別と国・地域別に示したものである．2013年の1次エネルギー供給量(図の合計値)は13,559 Mtoeである．第2次世界大戦以降増え続けており，今後もその傾向が基本的に続くことがわかる．

エネルギー源別に見れば，これまでは一貫して80%以上を化石エネルギーに頼ってきたことがわかる．今後の予測では再エネの割合が増え，化石エネルギーは80%を切るが，それでも2040年時点の予測で74.6%である．増えると予測されている再エネであるが，水力とバイオマス・廃棄物，その他を合わせても18.7%に過ぎない．ということは，二酸化炭素の排出が増え続けるということであり，気候変動対策上の大きな問題となる．

新興国のエネルギー供給量の増加

国・地域別に見れば，先進国では既に2000年以降はエネルギー供給量が，したがって需要量が横ばいになっていることがわかる．要するに，今後の増加分は中国やインドといった新興国によるのであり，経済発展や人口増加が影響していることがわかる．これらの国々は当然急速な経済発展を望んでおり，エネルギー供給上の制約や気候変動対策との調整が求められることになる．

■ **コラム1　エネルギーの単位**

エネルギーという財には，それぞれの特徴に応じた単位がある．石炭は重量で測るためt：トン，石油は重量で測る場合には同じくトン，容積で測る場合にはℓ：リットルやbbl：バレル，天然ガスは(液化天然ガスなど)重量で測る場合には同じくトン，容積で測る場合にはm^3：立方メートルやcf：立方フィート，熱量で測る場合にはBtu：英国熱量単位(British thermal unit)などが使われる．様々な単位があるため，必要に応じて換算し直す必要がある．

また電気については，電気を流す力である電圧をV：ボルト，電気が流れる量である電流をA：アンペアと表記する．財としての大きさを測る場合には，これらを掛け合わせ(さらに力率をかけ)た電気エネルギーの瞬間的な大きさとしての電力がW：ワット，この電力を一定時間使った電力量はWh：ワットアワー(ワット時)である(**コラム4**)．

これら異なる単位ではエネルギー種別をまたいだ比較が難しいため，「仕事をする能力」に直した熱量の共通の単位として，J：ジュールを挙げることができる．1ニュートン (N) の力がその力の方向に物体を1メートル動かす時の仕事量として定義されている．また，1トンの原油を燃焼させた時に得られる熱量で換算した，toe：石油換算トン (ton of oil equivalent) が使われることもある．1 toe ＝ 約 41.868 GJ ＝ 11,630 kWh である．

　なお，これらの単位の数値が大きくなる場合には，倍量単位が付されることが多い．一般に，10^3 が k：キロ (例えば kℓ)，10^6 が M：メガ (例えば MW)，10^9 が G：ギガ (例えば GJ)，10^{12} が T：テラ (例えば TWh) である．1 TWh ＝ 1,000 GWh ＝ 100 万 MWh ＝ 10 億 kWh となる．エネルギーの議論に際しては定量的な把握が求められ，これらの単位の相互関係を理解しておく必要がある．■

経済モデルによる需給予測

　なお，図1-2のような2020年あるいは2040年の予測値は，どのようにして求められるのだろうか．エネルギーの需給だけでなく温室効果ガスの排出量なども，経済モデルといったシミュレーションを使って予測できる．GDP (国内総生産) といった経済活動の規模や産業構造，価格動向や技術動向は，エネルギーの消費量やその種別に影響を及ぼす．これらの関係を数式化し，必要なパラメーターを入れることで，将来のエネルギーの消費量やその構成割合の予測値を算出することができる．

　図1-2の場合は，「新政策シナリオ」という前提に立っているが，どのような政策を講じるかもその結果に影響を与える独立変数となる．「新政策シナリオ」以外に，現在の政策の延長線上にある「既存政策シナリオ」や，さらに気候変動対策を進める「450シナリオ」もある．第3章で説明するエネルギーミックスのような長期計画の政策手法の場合には，このようなモデルによって定量的な結果を予測することが不可欠である．未来は政策によって変えられるのである．

第4節　エネルギー消費

エネルギー消費量の継続的増加

前述の通り，1次エネルギーは2次エネルギーへ変換されて消費段階へ送られる．図1-3は，1971年から2013年までの世界の最終エネルギー消費の推移である．2013年の消費量は9,173 Mtoeである．エネルギー源別，国・地域別共に，概ね1次エネルギー供給と同様の傾向・推移が見られる．

すなわち，第1に消費量全体は急速に増え続けている．第2にエネルギー源別の割合では，3種類の化石エネルギーへの依存度が3分の2以上と高い状態が続いている[1]．1971年と2013年を比べれば，石炭は約1.5倍だが，石油は約2倍，天然ガスは約2.4倍に増えている．電力は4.4倍となっており，経済社会の「電化」が進んでいることがわかる．第3に国・地域別については，先進国(OECD：経済協力開発機構の加盟国)の消費量は2000年以降ほぼ横ばいにな

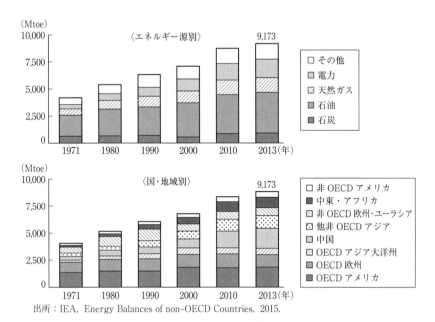

出所：IEA, Energy Balances of non-OECD Countries, 2015.

図1-3　最終エネルギー消費量の推移

っている.これに対して,中国や他の発展途上国が飛躍的に消費量を増やしている.

4つの消費部門

エネルギー消費は,図1-3のエネルギー源別,国・地域別以外に,消費主体によって分類することもできる.一般に,産業,業務,家庭,運輸の4部門に分類される(図1-8).

第1に産業部門とは,工場などを有する製造業を中心とし,農林水産業,建設業などまで含む.製造業の中で特にエネルギー消費が多いのは,鉄鋼業や化学業である.これらは,エネルギー多消費産業と呼ばれる.

第2に業務部門は,企業のオフィスビルや事務所,ホテルや小売り店,飲食店などのサービス業を指す.経済のサービス化の進展に伴い,近年同部門のエネルギー消費が拡大傾向にある.

第3に家庭部門は,自動車運輸などを除いた一般家庭を指す.家庭のエネルギー消費で多い形態は,暖房と給湯である.業務部門と家庭部門を合わせて民生部門と呼ぶこともある.

第4に運輸部門は,自動車,鉄道,船舶,飛行機などの移動手段を指す.乗用車やバスといった旅客部門と人以外の物品を運ぶ貨物部門に分けられる.その消費の約半分がガソリンとしてである.

エネルギーと経済の関係

エネルギーと経済の関係を見たのが,図1-4である.1次エネルギー供給量(図1-2)の増加とほぼ比例するように,GDPも二酸化炭素排出量も増えていることがわかる.経済成長はエネルギー消費の増大を伴い,その副産物として二酸化炭素の排出も増大させるのである.

これを国別に詳しく見たのが,図1-5である.横軸が1人当たり名目GDP,縦軸が1人当たり1次エネルギー消費量である.概ね,左下から右上へ向かって対角線の周辺に沿って,発展途上国から中進国,先進国と分布している.やはり,経済の発展度合いが高いほどエネルギー消費量も大きくなっている.だからこそ,前述の通り,エネルギー供給もエネルギー消費も歴史的に増え続け

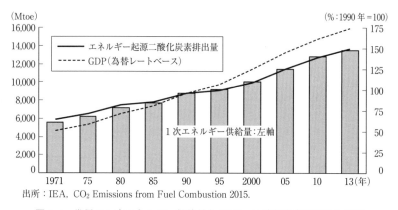

出所:IEA, CO$_2$ Emissions from Fuel Combustion 2015.

図1-4 世界の1次エネルギー供給量とGDP，二酸化炭素排出量の推移

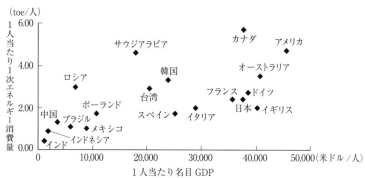

出所:IEA, Energy Balances of non-OECD Countries, 2015, Energy Balances of OECD Countries, 2015. GDPは2005年度米ドル換算.

図1-5 エネルギー消費と経済規模の相関関係(2013年)

たのである．

　他方で，詳細に見ると国によって違いもある．ロシアやサウジアラビアのようなエネルギー生産国は，対角線に対して左上に位置している．エネルギー消費ほどには経済規模が大きくないということであり，エネルギーを無駄遣いしていると言える．エネルギー効率が低いと言い換えてもよい(第2章第8節)．図の右上に位置する先進国の中でも，アメリカやカナダといったエネルギー生産国にはその傾向が強く，エネルギーに乏しい日本や欧州諸国はエネルギー効率が比較的高い．

だとすれば，現時点で左下に位置している中国やインドといった国々が，今後経済成長を続けるにあたり，左上（ロシア，サウジアラビア）の方に向かうのか，右（日本，イギリス）の方に向かうのかは，世界のエネルギー需給に大きな影響を与えることになる．ここに，政策が働く余地があると想像できる．

第5節　エネルギーフローとエネルギー損失

エネルギー・フローチャート

　これまで説明してきた，1次エネルギー供給から2次エネルギー，そしてエネルギー最終消費への具体的な流れを，日本についてチャートで示したのが，図1-6である．これが，エネルギー・フローチャートである．これを見れば，それぞれのエネルギーが，サプライチェーンを通してどのようにつながっているかを全体像の中で理解してもらえるだろう．

　例えば，「1次エネルギー国内供給」の半分近くを占める「石油」（図左端）は，精製を経て様々な2次エネルギーに変換される（図中央）が，その内半分近くが「ガソリン」や「軽油」（図右端）といった輸送用燃料として消費されることがわかる．これは比較的一般消費者に馴染みが深いだろうが，これに近い量が，「企業・事業所等」により「石油製品」（図右端）となることは，意外に思われるかもしれない．また「天然ガス」（図左端）は，「事業用発電」と「都市ガス製造」（図中央）に二分されるが，前者が後者の2倍大きいことも，余り知られていないだろう．

莫大なエネルギー損失

　ここで注目してもらいたいのが，川上（左側）から川下（右側）へと進むにつれて，エネルギーの絶対量が次第に減っていることである．当初の「1次エネルギー国内供給」20,059（10^{15}J）が，「最終エネルギー消費」では13,558（10^{15}J）となっている．6,500（10^{15}J）が，マイナス値で「エネルギー転換/転換損失等」と書かれている．実際，前述の図1-2と図1-3を見ても，2013年の合計値が13,559 Mtoe（供給量）から9,173 Mtoe（消費量）へと30%近く減っていることが分かる．これが，エネルギー損失である．

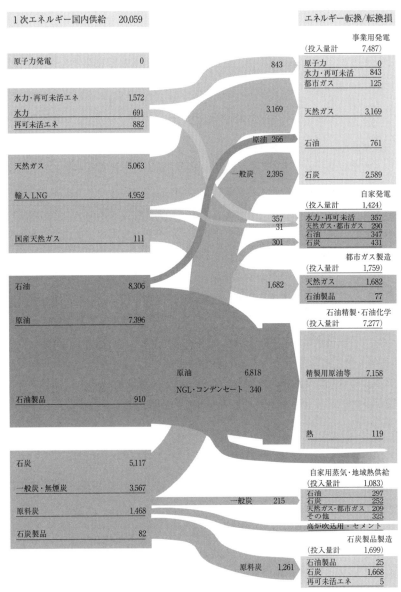

出所：資源エネルギー庁『エネルギー白書』2016年度.

図1-6　日本のエネルギー・

単位：10^15 J

失等　▲6,500　　　最終エネルギー消費　13,558

（産出量計　3,163）
発電損失　4,324

電力　3,163

自家消費・送配電損失等　294

（産出量計　559）
電力　559
発電損失　865

（産出量計　1,747）
都市ガス　1,747

他転換投入・消費等　622

（産出量計　7,188）
家庭用灯油・LPG　517
輸送用ガソリン　1,766
輸送用軽油　916
他輸送用燃料　375
発電用重油等　842
事業所等用重油他
原料用ナフサ・LPG等

他転換投入・消費等　1,550

（産出量計　871）
自家用蒸気　849
熱　23
転換損失　212
焼成用石炭　431

他転換投入・消費等　124

（産出量計　1,689）
石炭製品　1,689

他転換投入・消費等　514

電力　986　　　家庭　1,937
都市ガス　417
石油製品　517
その他　16

ガソリン　1,451　　運輸旅客　1,881
軽油　126
ジェット燃料油　126
LPG・電力他　178

ガソリン　315　　運輸貨物　1,244
軽油　790
重油他　140

再可未活エネ　30　　企業・事業所等　8,497
電力　2,377
都市ガス　705
天然ガス　64
石油製品　2,969
自家用蒸気・熱　746
石炭・石炭製品　1,606

フローチャート（2014年度）

例えば，送電の際には，送電ケーブル内部の電気抵抗などにより一定量の損失(送電ロス)が発生する．日本全体で発電段階の約5%の電力量が，消費段階に届くまでに失われている．またそもそも発電の際には，投入した熱量を完全には利用できず，廃棄されている．多くの発電方式において，エネルギーを燃やすことにより水蒸気を発生させ，その力でタービンを回しているため，どうしても利用できない熱が生じてしまう[2]．あるいは，エネルギー供給部門が供給活動のために自家消費すれば，それも最終消費段階に対する損失を意味する．図1-6の通り，発電段階でのエネルギー投入量7,487(10^{15}J：図中央上)に対して，実際に生み出された電力は3,163(10^{15}J：図中央上)に止まっている．その変換効率は平均で42.2%に過ぎず，残り57.8%はエネルギー損失になる．そのためフローの面積自体が右へ進むにつれて小さくなっているのである[3]．

　だとすれば，このエネルギー損失を減らすことが非常に重要ということになる．例えば発電の際の変換効率を40%から80%に高められれば，単純に言えば発電所の数や投入するエネルギー量が半分で済むことになる．そのため，ガス火力発電において排熱を利用して二度発電するGTCC(ガスタービン・コンバインドサイクル)や，発電だけでなく熱供給も行う熱電併給(コジェネレーション，コジェネ)が注目され，導入が進められている(**コラム5**参照)．

第6節　日本のエネルギー需給

エネルギー供給と経済的事件

　本章の最後に，日本におけるエネルギーの需要と供給について，詳細に見てみたい．まず国内の1次エネルギー供給の歴史的推移を見たのが，図1-7である．1970年代の石油危機に至るまでは，石油への依存度が70%以上と高かったことが分かる．この経験を経て日本はエネルギー政策を大きく転換し，省エネ(エネルギー効率の向上)とエネルギーの多角化を進めることになる(第8章第3節)．

　省エネについては，1980年代前半にかけて大きな効果を発揮したものの，1980年代後半以降は再び総供給量が増えており，効果が持続しているとは言えない．ようやく2000年代の経済停滞や人口減少の時代に入り，総供給量は

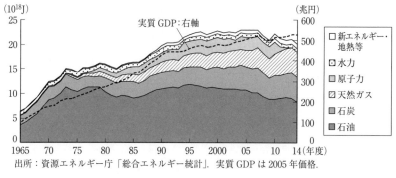

図1-7 日本の1次エネルギー供給量の推移

横ばいになり,さらに2008年のリーマン・ショック,そして2011年の福島原発事故を経て,継続的な減少局面に入りつつある.ただ,福島原発事故は例外的事件との見方も根強く,政府は今後も経済成長に伴い少しずつエネルギー消費量(供給量)が増えるとの見通しを立てている.このように日本のエネルギー供給状況は,様々な経済的事件の影響の投影と言えるのである.

石油代替の進展,エネルギー効率の向上

エネルギー源の多角化については,確かに割合としては石油以外が増えているものの,石油の絶対量はそれほど減っていないことに留意が必要である.また,石油代替として石炭が2倍程度(2014年度は1979年度の2.2倍)増えていることは,二酸化炭素の排出増をもたらしている.原子力は,石油代替かつ二酸化炭素排出ゼロの電源として期待されたが,2011年度以降,福島原発事故を受けてその割合がほぼゼロになったため,様々なエネルギー政策上の問題を惹起している.

折れ線グラフの実質GDPと比べれば,エネルギー供給も概ね比例して伸びている.一方で詳細に見れば,GDPの伸びは,1970年代後半と2000年代後半以降にエネルギー供給の伸びを上回っている.これは,単位当たりのGDPを生み出すためのエネルギー消費が減り,エネルギー効率が高まっていることを示している.

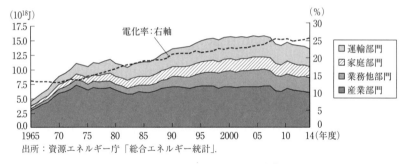

図1-8 日本の部門別最終エネルギー消費量の推移

エネルギー消費と産業のサービス化

他方，国内の最終エネルギー消費の推移を部門別に見たのが，図1-8である．2014年度の割合で，産業部門が44.8％，業務他部門が17.8％，家庭部門が14.3％，運輸部門が23.1％を占める．高度経済成長期には，産業部門のエネルギー消費が急速に拡大し，1973年度には66.5％を占めていた．しかし，石油危機以降は産業部門の消費絶対量がほぼ横ばいになっている．省エネが進んだのである．

これに対して，1980年代から2000年代にかけて産業部門以外が着実に増加している．これは，消費生活が高度化し，経済のサービス化が進んだ結果と考えられる．また，エネルギー供給(図1-7)とエネルギー消費(図1-8)の総量の歴史的推移はほぼ比例しているが，絶対量は10対7程度であり続けており，ここからもエネルギー損失を確認できる．

最終エネルギー消費をエネルギー源別で見ると，最大の48.6％が石油，電力が25％，石炭が11.5％，都市ガスが8.4％と続く(2015年度の数値)[4]．図1-8の折れ線グラフは電化率を表しており，1965年度には13％だったが，2014年度には2倍近くまで伸び続けていることが分かる．これは，経済社会の電化製品への依存度が高まっている現れと考えられ，上記の経済のサービス化とも符合する．家庭部門に限れば，電化率は50％に達する．

消費形態による分類

最終エネルギー消費は，電気製品などの動力や照明，冷暖房，給湯，厨房な

図1-9 業務部門と家庭部門の消費形態別最終エネルギー消費量(2014年度)

どの消費形態別に分類することもできる．図1-9の通り，業務部門と家庭部門では，ともに「動力・照明他」の割合が最も大きく，歴史的な伸びも大きい．他方，家庭部門では冷房は思ったほど大きくないことに気づく．店舗などと異なり一般家庭では，実は夏の限られた時間しかエアコンを使わないのである．その代わり一般家庭では，入浴などの用途から給湯の割合が大きくなっていることも分かる．

他方，冷暖房も給湯も厨房も，用途としては「熱」である．エアコンは電力で動かしているものの，消費形態としては熱を供給するということだ．電力は，灯油による石油ストーブなどと比べて，便利で安全に思えるため，現代社会では電化率が高くなっているわけだが，割合の高い熱の需給のあり方を，建物の断熱性能なども含めて総合的に考え直すことは，実はエネルギー効率の観点から重要である．

例えば欧州では，地域熱供給事業が盛んであり，熱導管を通して熱そのものが供給されている．その熱は，バイオマスや廃棄物から生成されており，未利用エネルギーの利用という観点から価値が高い．日本では歴史的に電気事業とガス事業が別々に確立されており，これらを経由して家庭や事務所などの消費現場で熱に変換しているが，社会全体のエネルギー効率からいえば改善の余地は大きい．

■ コラム2　エネルギー関連の統計データ

既にいくつものグラフを示している通り，エネルギーという財を対象にするエネルギー政策においては，数値を示した上での議論が重要である．そのためには，定量的なデータを収集することが不可欠になる．

本書で頻繁に登場するのは，IEA：International Energy Agency（国際エ

ネルギー機関)のデータである．IEAは，石油危機を契機として1974年に創設された，先進国を中心とした国際機関である(第8章第2節)．化石エネルギーはもとより，電力や再生可能エネルギー，それらの価格，全体としてのエネルギー需給，二酸化炭素排出量，さらには各国のエネルギー政策などに関する，様々なデータ集や報告書を作成している．原則として先進国を対象としているが，それ以外も含めた全世界のデータもあり，基本的に英語で書かれている．ウェブサイトなどを通して多くは有料で販売されているが，OECDの東京センターへ行けば，無料でデータファイルとしてダウンロードさせてもらえる．

　日本人にとって身近なのは，資源エネルギー庁が毎年発行している『エネルギー白書』であろう．正式名称は「エネルギーに関する年次報告」であり，日本のエネルギー政策を知るには欠かせない1次文献である．ここにも様々なデータが掲載されている．海外のデータについてはIEAなどから引用したものも少なくないが，日本のデータは白書を参照すればよいだろう．資源エネルギー庁のウェブサイトから閲覧できるようになっており，データを表計算ソフトの形で入手することもできる．

　資源エネルギー庁は，白書とは別に様々な詳細の統計データをウェブサイト上で公開している．具体的には，「総合エネルギー統計」，「電力調査統計」などがあり，白書の元データとなっている場合も多い．また資源エネルギー庁のウェブサイトの再エネ政策のページには，固定価格買取制度(第11章)による再エネの導入量のデータなども掲載されている．

　各業界団体もウェブサイトを公開しており，そこには業界関連の「統計」のページがあることが多い．日本ガス協会，日本LPガス協会，電気事業連合会，コージェネ財団，日本原子力産業協会については，本書でもデータを利用させてもらった．

■

〈主要参考文献〉

本章が扱ったようなエネルギーの基礎知識について，アメリカの物理学者が平易な語り口で整理したのが以下である．原子力，シェールガス，クリーン・

エネルギーから，地球温暖化問題までを幅広く網羅している．
- リチャード・ムラー，NHK「バークレー白熱教室」政策チーム＋杉田晶子訳(2013)『文系のためのエネルギー入門』早川書房．

　この他に，資源エネルギー庁のウェブサイトや『エネルギー白書』における記述やデータなどが，参考になるだろう．

---

1) 図1-3の「電力」の内半分以上は火力発電であることにも留意されたい．
2) 例えば原子力発電では，実際には核分裂によりその定格出力に対して約3倍の熱エネルギーが発生しているが，技術的にそのうち約3分の1しか発電に利用できない．残りの3分の2は排熱となるため，原子炉を冷却し続ける必要がある．
3) なお，発電の際の変換効率という観点から最も優れている発電方式は水力である．それは80％に達し，通常の火力の30～40％，原子力の33％，太陽光の10～20％と比べて圧倒的に高い．
4) 資源エネルギー庁「2015年度エネルギー需給実績(速報)」(2016年11月18日)．

第2章
多様なエネルギーとその特徴

　前章では，エネルギーとは何か，経済活動や社会生活と関係する観点を中心に，基礎的かつ全体的な理解を得ることを目指した．エネルギーにはサプライチェーンがあり，供給段階と需要段階で定量的な把握が可能なこと，経済成長と強く結びついていることを，理解してもらえただろう．

　第1章第1節の通り，エネルギーはいくつかに分類できる．本章では，化石エネルギーである石炭，石油，天然ガス，そして原子力，水力，その他の再エネ，実用化が期待される水素エネルギー，そして省エネについて，個別にその特徴や生産・消費量，長所と短所などを見ていきたい．

第1節　石　炭

化石エネルギーと石炭

　産業革命以来，人類の経済発展を支えてきたのは化石エネルギーであろう．化石エネルギーは原則として燃やして使われるため，化石燃料とも呼ばれる．数千万年から数億年前に動植物の死骸などが地中に堆積し，化石となった有機物であり，石炭，石油，天然ガスなどとして人類に利用されている．莫大な埋蔵量を誇り，エネルギー密度が高く，可搬性に優れていたため，蒸気機関や内燃機関の燃料として世界中で活用されてきた．しかし二酸化炭素を排出し，いずれ枯渇することから，今後中長期的にこれらとどう向き合うかが，エネルギー問題の最重要課題になっているのである．

　3つの化石エネルギーの中でも早くから利用されてきたのが，石炭である．樹木などの植物が地中に埋まり，地圧などを受けて化石化して生成され，比較的浅い場所に固体として分布している．石炭化の進展度合いに応じて炭素含有

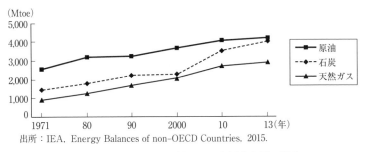

図 2-1 石炭，原油，天然ガスの世界生産量の推移

量が高くなり，泥炭や褐炭，瀝青炭や無煙炭などに分類できる．産業革命以降に蒸気機関の燃料として大々的に利用されるようになり，蒸気機関車や蒸気船を動かして(第1次)産業革命を支えた[1]．第2次大戦後には流体革命(第6章第3節)を経て石油にとって代わられたが，その低価格という長所から石油危機後に見直され(図2-1)，新興国の経済発展にも寄与してきた．

中国が最大の生産・消費国

2014年の全世界の石炭の生産量は80億トン近くに及んでおり，中国がその半分近くを占めている(表2-1)．消費量でも中国が世界の半分以上と圧倒的に多く，インドやアメリカ，日本が続いている．輸出国は，インドネシアやオーストラリア，ロシアなどである．2014年時点の確認埋蔵量は1兆376億トンであり，これを年間生産量で割ると，可採年数は131.1年に及ぶ．

石炭の消費用途は，主として燃料と原料に大別される．燃料炭は火力発電や

表 2-1 石炭の生産・消費・輸出・輸入の上位国(2014年)

(百万トン)	1位	2位	3位	4位	5位	世界合計
年間生産量	中国 (3,527.2)	アメリカ (812.8)	インド (691.3)	オーストラリア (508.8)	インドネシア (469.3)	(7,974.6)
年間消費量	中国 (2,883.6)	インド (553.4)	アメリカ (522.8)	日本 (169.4)	ロシア (150.4)	(5,587.6)
年間輸出量	インドネシア (408.2)	オーストラリア (375)	ロシア (155.5)	アメリカ (88.2)	コロンビア (81.2)	(1,367.4)
年間輸入量	中国 (291.8)	インド (237.6)	日本 (188.1)	韓国 (131)	台湾 (65.8)	(1,409)

出所：IEA, Coal Information 2016.

製紙業などで,原料炭は製鉄業などで利用される.この内最大の割合を占めるのが,発電(及び熱供給)である.2014年の世界の全消費量56億トンの内,約70%を占める[2].その割合は,石油危機以降高まり続けている.

低コストという長所,二酸化炭素排出という短所

石炭は固体のため,石油と比べて運搬や利用形態に劣る面があり,相対的に見れば20世紀に入ると内燃機関との親和性が高い石油にとって代わられた.しかし,全世界のエネルギー消費が増え続ける中で,特に石油危機以降に再度見直され,現在でも大量に消費されている.その理由は,低コストという最大の長所による.

また世界各地に遍在しているため,石油などと比べればエネルギー調達上のリスクが低いことも長所として挙げられる.中国やドイツでは,エネルギー自給にも貢献してきた.日本でも,戦後すぐまで北海道や九州における炭鉱業が主要産業の1つであったが,露天掘りなど採掘コストが低い場所から枯渇化が進み,斜陽化していった(第6章第3節).

石炭の最大の短所は,排気ガスによる環境への悪影響であろう.石炭は成分として炭素,窒素,硫黄などを大量に含むため,煤煙が大気汚染などの公害問題を引き起こしてきた.今これに悩まされているのが,中国(第7章第4節)やインドである.また1980年代以降は,気候変動問題の最大の要因として批判を集めることが多い.石炭,石油,天然ガスの間では,単位当たりの二酸化炭素排出量は概ね4対3対2程度(図2-2)であるため,気候変動対策上,化石エ

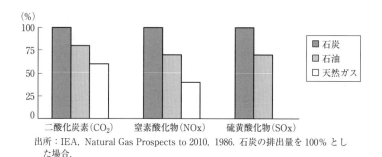

出所:IEA, Natural Gas Prospects to 2010, 1986. 石炭の排出量を100%とした場合.

図2-2 化石エネルギーの二酸化炭素等の排出量

ネルギーの中でも相対的に低炭素なものに置き換えることが求められている.排出対策として期待されているのが,CCS(二酸化炭素の回収・貯留:第10章第5節)であるが,現時点ではコストが高く実用化に至っていない.

第2節 石　油

アメリカが生産も消費も世界最大

石油は,石炭と同様に動植物の死骸などが長期間にわたって堆積し,生成された液体である.一般に天然の石油を原油と呼び,これを精製することで,自動車用のガソリン,石油ストーブ用の灯油,ディーゼル燃料としての軽油,船舶用の重油,航空機用のジェット燃料などが得られる.また石油を原料として合成樹脂などを製造するのが,石油化学工業である.石炭よりも熱効率に優れ,液体という特徴のため内燃機関に適していることから,現代社会の最重要な輸送用燃料と言える.

表2-2の通り,世界の生産量は43億トンを超える.生産量1位をアメリカ,ロシア,サウジアラビアが争っているが,輸出国は中東に偏っている.アメリカは生産大国である以上に消費大国であり,中国や日本が消費量上位に名を連ねる.そのためアメリカは世界最大の輸入国でもあるが,シェールオイル(第8章第5節)の生産拡大のおかげでその輸入量は近年減っている(図8-7).輸入量を急速に増やしているのが,モータリゼーションの著しい中国とインドである.

表2-2　石油の生産・消費・輸出・輸入の上位国(2014年)

(百万トン)	1位	2位	3位	4位	5位	世界合計
年間生産量	アメリカ (574.9)	サウジアラビア (541)	ロシア (526.1)	中国 (216.2)	カナダ (219.9)	(4,331.4)
年間消費量	アメリカ (841.7)	中国 (502.9)	日本 (185.4)	ロシア (179.9)	インド (171)	(4,236.1)
年間輸出量	サウジアラビア (354.1)	ロシア (223.4)	カナダ (148.8)	UAE (125.1)	イラク (123.7)	(2,112.5)
年間輸入量	アメリカ (393.6)	中国 (308.4)	インド (189.4)	日本 (165.4)	韓国 (125.9)	(2,177.8)

出所:IEA, Oil Information 2016. 生産量,輸出量,輸入量は原油.

内燃機関に不可欠な輸送用の戦略的エネルギー

　油井が開発され，石油の大量生産が始まったのは，19世紀後半である．それは内燃機関の開発と同期し，自動車や飛行機の燃料として大量に利用されるようになるとともに，重化学工業の発展にも寄与し，第2次産業革命を支えた．石油は戦車や軍艦など軍隊にとっても不可欠な燃料となり，大規模油田は限られていたため，20世紀に入ると極めて戦略的なエネルギーとなった．それだけ価値の高いエネルギーだからこそ，戦争を引き起こす理由の1つともなり，また1970年代には石油危機が起こった(第8章)．

　1980年代以降は，石油の需給が緩むとともに，石油市場の寡占的性格が薄れ，市場で取引される財という性格が強まった．それは国際的な投機の対象ともなり，アメリカのニューヨーク商業取引所のWTI原油の先物取引は，価格指標として世界的に有名である．

　石油の最大の消費用途は，やはり輸送用燃料である．OECD諸国の2014年の全消費量19.97億トンの内，60％以上が運輸分野であり，その約半分が自動車用ガソリンである[3]．石油危機以降，OECD諸国の石油消費量はほぼ横ばいで推移しているが，運輸分野の割合はむしろ高まっている．発電などは低価格の石炭への移行が進んだが，輸送用燃料としての用途は代替されていないのである．

化石エネルギーの価格変動

　内燃機関の燃料として代替が難しいという優位性を石油の長所とすれば，短所の1つはその価格変動であろう．石油危機のように政治的要因で変動することもあれば，近年のように投機的要因で変動することもある．図2-3によれば，価格が比較的安定している石炭に対して，石油の変動幅は大きい．これは年単位であるが，日単位で見ればさらに激しく変動している．価格の多寡だけでなくその不安定性も，企業にとっても消費者にとっても大きなリスクになる．

　もう1つの短所は，石炭と同様に排気ガスであろう．石油の主成分は炭化水素であり，窒素や硫黄も含む(図2-2)．輸送用燃料として消費されることで，これらが空気中に排出される．4大公害病の1つである四日市ぜんそくは，石油化学コンビナートによる亜硫酸ガスなどの排出が主因であった．石油の可採

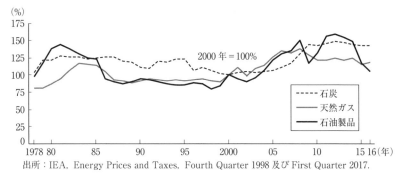

図2-3 OECD諸国の化石エネルギーの家庭用実質価格の推移

年数は50年程度とされているが,市場価格が上昇すれば採算ラインも上昇するため,可採埋蔵量が増えるという関係にある.

輸送用燃料は代替されるのか

輸送用燃料としての石油の戦略的優位性は,今後他のエネルギーによって代替されるのだろうか.その可能性として挙げられるのが,電気自動車や燃料電池車(本章第7節)である.これらはガソリンエンジンではなく電気モーターで駆動する自動車であり,ゼロエミッション(二酸化炭素を排出しない),静粛性,エネルギー効率の高さといった長所を有する.未だ蓄電池などのコストが高いことが障壁になっているが,ハイブリッド車は既に大量に普及している[4].2017年にはフランス政府やイギリス政府が,相次いで2040年からのガソリン車の販売禁止を発表した.コスト低減の状況によっては,石油の時代の終わりが早く到来するかもしれない.

第3節 天然ガス

アメリカが生産量拡大,日本が最大の消費国

気候変動問題の顕在化を受けて近年注目が高まっているのが,天然ガスである.天然ガスは,地下に存在する炭化水素ガスを指し,その多くがメタンから成る.その生成過程は石油などと同様で,動植物の死骸などが数千万年かけて

表 2-3 天然ガスの生産・消費・輸出・輸入の上位国(2014 年)

(10 億 m³)	1 位	2 位	3 位	4 位	5 位	世界合計
年間生産量	アメリカ (728.9)	ロシア (629.9)	イラン (174.5)	カナダ (164.1)	カタール (160)	(3,531.6)
年間消費量	アメリカ (754.6)	ロシア (454.4)	中国 (185.2)	イラン (172.5)	日本 (131.3)	(3,523.6)
年間輸出量	ロシア (189.6)	カタール (111.9)	ノルウェー (106.7)	カナダ (78)	オランダ (58.7)	(1,033.8)
年間輸入量	日本 (124.7)	ドイツ (89.9)	アメリカ (76.2)	中国 (56.2)	イタリア (55.8)	(1,010.5)

出所：IEA, Natural Gas Information 2016.

地中に堆積され，気体として地層に分かれたものである．

表 2-3 の通り，アメリカが世界最大の生産国だが，これはシェールガスの開発を受けたここ数年間の話であり(第 8 章第 5 節)，長らくロシアが生産量 1 位であった．アメリカとロシアは消費量も多いが，輸入量となると日本が世界 1 位であり，消費量のほぼ全てを輸入で賄っている．2014 年末の埋蔵量は 200 兆 m³ 弱であり，これを年間生産量で割れば，可採年数は約 57 年になる．

天然ガスの最大の消費用途は発電である．2014 年の OECD 諸国の全消費量 1 兆 6,377 億 m³ の内，発電が約 27% を占める[5]．特にアメリカでは，近年のシェールガスの開発により，ガス火力発電所が石炭火力発電所を置き換えつつある．発電用途に続くのが家庭用で，約 19% を占める．都市ガスとして熱供給などに利用される．その供給過程では，ガス導管をオフィスビルや住宅まで敷設する必要があり，規模の経済性が働くため，電気事業と同様に公益事業(第 9 章)の 1 つとされる．

東アジアは液化天然ガスを輸入

天然ガスの特徴の 1 つに，その供給体制が挙げられる．液体である石油は，タンカーで日本へ輸入され，国内ではタンクローリーなどによって各地へ輸送される．一方，陸続きの国々が集まる欧州や北米では，石油はパイプラインを通して輸送されることも一般的である．気体である天然ガスも，欧米ではパイプラインで輸送されることが一般的だが，日本は島国であるためパイプラインは必ずしも経済的ではない．かといって，気体のままタンカーなどで輸送する

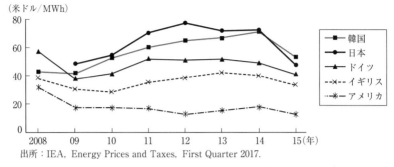

図 2-4　主要国の産業用天然ガス小売り価格

のでは，容積が大きくなりすぎてこれも経済的でない．そこで開発されたのが，液化天然ガス (LNG : Liquefied Natural Gas) である．天然ガスは －162 度まで冷却すると体積が 600 分の 1 の液体になる．これを LNG タンカーで運ぶことで，大量の天然ガスの海を超えた輸送が可能になった．

　液体で輸入された天然ガスは，国内の LNG 基地において再度気化され，気体として都市ガス網に入っていく．この際，液化プラントや気化装置，LNG タンクといった追加的な処理コストがかかるため，多くの LNG を輸入している東アジア諸国の天然ガス価格は，一般に北米や欧州に比べて高いことが多い (図 2-4)．長らく世界の LNG 輸入の半分以上を日本が占めてきたが，近年では韓国や中国などの割合が上昇している．

　天然ガスも市場での取引が中心となっており，価格指標としてアメリカのヘンリーハブなどが有名である．欧米ではパイプラインでつながることで国際市場が成立するのに対して，大きなガス田を有しない東アジアでは，国際パイプラインが限定的で，国際市場が成立していない．また日本などは独占的ガス会社や電力会社が大手の買い手となってきたため[6]，市場取引よりも長期相対契約の割合が高く，比較的高い輸入価格の一因となってきたとの指摘がある．

クリーンな化石エネルギー

　天然ガスの最大の長所は，化石エネルギーの中で最も「クリーン」な点にある．燃焼時の二酸化炭素や窒素酸化物の排出量は，石炭の約半分，硫黄酸化物はゼロとされている (図 2-2)．ゼロエミッションに対して低エミッションであ

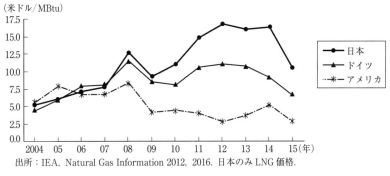

出所:IEA, Natural Gas Information 2012, 2016. 日本のみLNG価格.

図2-5 主要国の天然ガス輸入価格

るため,大気汚染や気候変動問題を踏まえ,特に先進国で消費が伸びている.

　天然ガスは,相対的に環境適合性(第3章第4節)に優れるが,石炭などと比べれば割高であったことが,短所の1つであった.しかし2000年代末から,非在来型のシェールガスの開発により北米でのガス価格が大きく下がっており(図2-5),今後の動向が注目される(第8章).また,輸出国が中東などに限定されず,北アメリカやロシア,アフリカなど比較的分散しているため,エネルギー安全保障上も石油と比べて優位性がある.他方で天然ガスには,気体の状態での貯蔵が難しいという短所があり,石油のように備蓄が進んでいない.

■ コラム3　都市ガスとLPガス

　エネルギー政策やエネルギー供給の観点からは,ガスといえばまずは天然ガスである.これを一般家庭用に調整したものが,都市ガスである.しかし一般消費者の観点からは,LPガスあるいはプロパンガスも馴染みが深いのではないだろうか.両者の消費用途はほぼ同じだが,原料や供給体制は異なる.

　都市ガスは2次エネルギーとしての気体であり,その原料は(日本の場合は)多くがLNGとして輸入された天然ガスである.都市ガスの主成分はメタンであるが,実は5%程度のプロパンガスを混ぜ,熱量調整し,臭いを付けたものが供給されている.都市ガスの2015年度の国内販売量(旧一般ガス事業者)は365億m^3であり,その約55%が工業用,25%が家庭用である[7].

一方LPガスは，Liquefied Petroleum Gas の略称で，正式名称は液化石油ガスである．プロパンやブタンを主原料とした液体であり，プロパン以外も含まれているが，LPガスと同じ意味でプロパンガスとも呼ばれている．油田内部に滞留しているガスを輸入したものや，石油精製の際に分離されたものが使われている．2015年度のLPガスの国内需要量は1,423万トンであり，1996年度の1,971万トンをピークに，減少傾向にある[8]．

　都市ガスは日本国内では都市部を中心に供給されている．それは，気体として導管を通して供給されるため，人口が密集している都市部以外では経済性が低くなるからである．一方で，LPガスは液体としてガスボンベに詰めて配達される．導管ネットワークの制約を受けないことから可搬性に優れ，主として都市部以外で利用されている．LPガスは熱量が大きいという特徴も有するが，単位容積当たりの料金は一般に都市ガスの2倍以上する．

　両者は業界としても大きく異なる．都市ガスは上記の理由により一定規模以上の都市を中心に，200社程度が参入している．典型的な公益事業であり，長らく地域独占が続けられてきたが，2017年から家庭を含めた全面自由化が実施された．一方LPガスは，小規模のガス会社が狭い地域単位で供給しており，全国に2万社以上があるといわれている．自由料金が採用されており，数が多いだけでなく，元売り，卸売り，小売りなど様々な業態に分かれている．

第4節　原子力

原子力の平和利用

　原子力とは，核分裂あるいは核融合の際に発せられる膨大な熱エネルギーを指す．これを軍事利用したものが核爆弾であり，商業利用したものが原子力発電である．現在世界で多数を占める発電方式は，減速材に軽水（一般の水）を用いる軽水炉と呼ばれるものであり，さらに沸騰水型(BWR)と加圧水型(PWR)に分けられる．

　原子力に必要な燃料が鉱物資源としてのウランである．少量で莫大なエネ

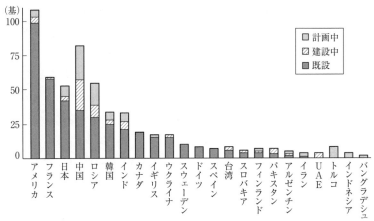

出所：日本原子力産業協会ウェブサイト「世界の原子力発電開発の現状」. 2017年1月1日現在.

図2-6　主要国の原子炉の数

ギーを発生させられること，その再利用が理論上は半永久的に可能であること，核兵器とも関係する高度な科学技術を必要とすることなどから，戦後に積極的に取り組まれてきた．2017年1月時点で，先進国を中心に31カ国に439基の原子炉が存在する（図2-6, 既設数）．その設備容量を合計すると約400 GWに達する．

原子力については，1945年に広島と長崎に投下された核爆弾からその歴史が始まった．1953年にアイゼンハワー米大統領が，国連演説において"Atoms for Peace"（原子力の平和利用）を提唱し，原発の開発が本格化した．1954年に旧ソ連のオブニンスク発電所が，1956年にイギリスのコールダーホール発電所が，運転を開始した．化石エネルギーに乏しい日本でも国家の積極的な関与により開発が進められ，1956年にはこのために科学技術庁が設置された．日本初の商用運転は，日本原子力発電の東海発電所（茨城県）による1966年に遡る．

低コストでゼロエミッション

原発は1基当たり100万kWなどと規模が大きく，膨大な電力量を24時間運転で供給し続けられるため，安定供給に不可欠な日本の基幹電源とされてきた．燃料のウランは，エネルギー量に比べて極めて少量で済み，一定の貯蔵も

可能である．そのため原発は，1基当たり3,000から5,000億円などと言われるように，初期投資は莫大になるものの，40年あるいは60年といった長期間運転し続けることで，発電コストが極めて低いとされてきた．

また，発電時に二酸化炭素を排出しない点も原発の長所である．特に1980年代に気候変動問題が顕在化して以降は，ゼロエミッションという環境性能が再評価されるようになり，日本でも2000年代に多数の原発の新増設計画が立てられた．このような2000年代前半の原発の再評価の動きを，「原子力ルネサンス」と呼ぶ．

核燃料サイクルと放射性廃棄物の最終処分

原発のもう1つの長所は，使用済み核燃料を再処理して高速増殖炉を経ることで，半永久的にウラン資源を利用できることである．これを核燃料サイクルと呼ぶ．プルトニウムを抽出して増殖させれば，元々のウランの量以上の核燃料が得られるため，日本のような化石エネルギーに乏しい国にとって「夢の技術」と呼ばれてきた[9]．ウランは輸入に頼るとしても化石エネルギーと比べれば少量で済むことから，「準国産」と位置付けられ，エネルギー自給率にも計算されてきた．

しかし高速増殖炉は，冷却材にナトリウムを使うことなどから技術的に容易ではなく，50年にわたる研究開発にもかかわらず，いずれの国でも実用化に至っていない[10]．また，当初はウラン燃料の枯渇への懸念が開発の一因であったが，その後世界での原発の導入が想定よりも進まなかったこともあり，ウランの需給は中長期的に逼迫する恐れは低いと見られている．こうしたことから核燃料サイクルの経済性は低いとされ，アメリカやドイツなど多くの先進国が開発から撤退した．このような中でフランスなどとともに日本は，エネルギー安全保障などの観点から核燃料サイクル政策を維持し，開発を継続している[11]．

また，使用済み核燃料は再処理できるから「燃料」と呼ばれるが，その実態は放射性廃棄物である．放射性廃棄物は，その放射能レベルに応じて高レベル廃棄物（再処理の際の廃液や固化体）とその他の低レベル廃棄物に分けられる．これらの放射性廃棄物は，地中に埋設する処分が適切とされているが，高レベル放射性廃棄物については，その放射能レベルが十分に低減するまでに数万年か

かるとされており，安全性の観点から懸念が強い．仮に使用済み核燃料を再処理できたとしても，高レベル放射性廃棄物が残る．このため最終処分の受け入れ地域の選定は困難を極めており，無事地層処分を済ませた国は存在しない[12]．これが，「トイレのないマンション」と揶揄される所以である．

核不拡散上の懸念と社会的受容性

　もう1つ原発の短所として挙げられるのは，核不拡散上の懸念である．原発に必要な濃縮ウランは核爆弾の原料にもなる．したがって，原発が各国に導入されることは，核兵器の拡散という安全保障上のリスクとなりうる．そのため各国が原子力技術を他国から導入する際には，国際的な原子力協定を結び，核不拡散上の配慮を踏まえることが一般的である．特に使用済み核燃料を再処理する場合には，大量のプルトニウムの製造につながるため，核兵器保有国など一部の国にしか認められていない[13]．

　このように原子力は，化石エネルギーに代替しうる様々な理想的な条件を備えているものの，本質的に不確実な部分が多く，放射能に対する安全上の懸念などから市民の反対も根強い．チェルノブイリ原発や福島第一原発のような過酷事故が一度起きれば，取り返しのつかない被害が長期的に発生することも認識され，社会的受容性が大きな課題となっている．これらが事業上の大きなリスクとなっており，特に福島原発事故後には，高い経済効率性という評価についても疑問符が付くようになった（第12章第6節）．

第5節　水　力

中国が世界最大の水力発電大国

　水力は，自然現象に由来し枯渇することのない，代表的な再エネである．産業革命以前から水車などの形で脱穀や揚水に利用されてきたが，19世紀後半から電気が普及するようになると，水力発電としての用途が中心になった．

　水力発電では，水流という位置エネルギーを使ってタービンを回す．ダム式あるいは水路式といった発電を主目的とする一般水力，蓄電を主目的とする揚水[14]などに分類できる．日本で最初の水力発電所は，1888年に運転開始した

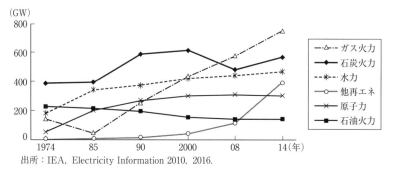

出所:IEA, Electricity Information 2010, 2016.

図 2-7 OECD 諸国のエネルギー源別発電設備容量の推移

宮城県の三居沢発電所とされている.世界最大の水力発電所は中国の三峡ダムで,設備容量は 2,250 万 kW に達する.

2014 年の世界の発電電力量は計 23,903 TWh に及ぶが,その内約 66.5% が火力,16.7% が水力,10.6% が原子力による[15].水力による発電電力量としては,世界最大の中国が 1,064 TWh,これにカナダ 383 TWh,ブラジル 373 TWh,アメリカ 282 TWh,ロシア 177 TWh,ノルウェー 137 TWh などが続く.山がちな地形をしている日本も,87 TWh と比較的大きい.OECD 諸国の発電設備容量の歴史的推移を見ると,水力は安定的に伸び続けている(図 2-7).

■ コラム4 設備容量,発電電力量,設備利用率

電力の量的な議論をする際に気をつけなければならないのが,電力(kW)と電力量(kWh)の 2 つの概念の違いである(コラム 1).

電力とは,単位時間に電流が流れる量を指す.発電設備の出力規模としての電力は,「設備容量」と呼ばれる.100 万 kW の原発であれば,技術的にはとある時点で確実に 100 万 kW の電力を出力できる.自動車の速度に近い概念と思えばよい.単位はワット(W),あるいはその 1,000 倍のキロワット(kW)が一般に使われる.「定格出力」と呼ばれることもある.

これに対して「発電電力量」とは,各発電設備が一定時間に出力した電力の総量を指す.出力(kW)に運転時間をかけ合わせた積であり,ワット時(Wh)あるいはキロワット時(kWh)がその単位である.出力 100 万 kW の原発が 24 時間 × 365 日 = 8,760 時間発電し続ければ,100 万 kW × 8,760 h =

876,000万kWh＝87.6億kWhの発電電力量になる．例えば，自動車が時速100kmで2時間走れば，走行距離が200kmになるという考え方に近い．

kWは需要側から見ることもできる．例えばその日の最大電力需要を「ピーク電力」，「ピーク需要」などと呼ぶ．電力では「需給バランス」を合わせることが極めて重要だが，このような場合には，kWで考える必要がある．一方で個別の消費者の立場からすれば，電気料金は主として月間や年間で消費したkWhの量に左右されるため，こちらの数値が重要になる．これが，「消費電力量」である．

現実には，多くの発電所は年間8,760時間運転し続けるわけではない．24時間運転といわれる原発ですら定期点検があるため，順調に運転し続けても平均的には年間70％から90％程度の運転時間になる．ましてや風力は風が吹いている時だけ，太陽光は日が照っている時だけしか発電できない．現状では年間8,760時間に対して，それぞれ20〜40％，10〜20％程度の発電時間に止まる．これが「設備利用率」である．年間の実際の発電電力量を，上記の設備容量に8,760時間をかけたもの，すなわち架空の最大発電電力量で割れば，算出できる．設備がどの程度有効に活用されているかを示す指標である．

後述するLCOE（均等化発電原価）の**表2-4**において，前提としている設備利用率の違いに注意する必要がある．再エネについては，自然現象による限界としての設備利用率になっているが，火力（例えば「先端ガスタービン」）の設備利用率が低いのは，燃料費の高さの関係でその程度しか動かさないと想定しているからである．仮に天然ガスの燃料費が石炭より低くなれば，設備利用率は高まることになり，kWh当たりのコストも下がる．同様に，設備利用率を70％と想定している原子力は，現在の日本のように数％の状況下では，LCOEは跳ね上がる．

低コストでゼロエミッション

水力発電は初期投資が大きいものの，エネルギー費用（燃料費）は無料であり，適切に維持管理すれば80年といった長期間にわたって利用できるため，その

発電コストは一般に極めて低い．二酸化炭素を排出しないなど環境にも優しく，また放射能汚染や爆発の危険性がないなど安全性が高い．さらに，水量や流速を管理することで出力の調整(負荷追従運転)も容易であるなど，長所が多い．

他方で，大規模なダムの開発に当たって自然環境を破壊する，先進国などでは開発が進んだ結果，適地が残されていないといった課題がある．このため中小水力といった小規模な発電設備の開発が注目されているが，発電コストが高いという問題がある．また，再生可能であるが，時期によっては渇水が起こり，発電上の制約を受ける．山がちな日本には向いているが，平地あるいは砂漠では水力エネルギー自体が乏しいという制約もある．

第6節　その他の再生可能エネルギー

再エネの可能性と多様性

水力が伝統的な再エネであるのに対して，近年注目を集めているのが，風力や太陽光といった新たな再エネである．再エネには，自国の資源であり枯渇しない，燃料費が原則としてゼロで高騰も変動もしない，二酸化炭素を排出しないといった，化石エネルギーとは対照的な長所がある．

他方，以前から開発されてきた水力や地熱を除けば，エネルギー密度が低く，近年まで高コストであったことが，その普及を妨げてきた．しかし1990年前後から，気候変動対策やエネルギー自給の観点から無限のエネルギー量を有する風力や太陽光への関心が高まり，技術開発も含めた政策的な導入が進められてきた．

再エネは多様であることに留意が必要である．風力や太陽光は風任せ，お天気任せという側面があり，発電時の出力が変動するという課題がある．一方，太陽熱は蓄熱が可能であり，発電の際の出力変動もない．地熱は以前から開発されてきた24時間運転が可能な再エネであり，本質的には蒸気や熱水であるため，熱供給に利用することもできる．したがって，このような多様な再エネを適切に組み合わせるという発想が重要になる．

可搬性の低さと地域的制約

再エネは可搬性が低く，原則としてその場で利用することが求められる．風力や太陽光はある程度どこにでもあるが，地域によって賦存量は大きく異なる一方で，エネルギーそのものを輸送することはできない．地熱は火山地帯などに限定されるし，水力発電は砂漠では難しい．したがって，少しでも風況のよい場所，日当たりのよい場所を選ぶことが重要である．

それは，地域的制約を受けるということでもある．地熱の利用に当たっては，温泉組合などとの利害調整が求められるし，小水力の利用に当たっては，地域の水利権との調整が求められる．化石エネルギーは可搬性が高いため，原則としてどこでも好きなところへ運んで利用できるが，再エネはそれが存在する場所で消費するか，電力や熱といった2次エネルギーへ変換して輸送する必要がある．

発電と熱供給

再エネの消費用途は，発電，熱供給，輸送用燃料などである．発電の設備容量で見れば，歴史的に水力がその大半を占めてきた．近年急速に伸びているのが，風力や太陽光といった新たな再エネである（図2-8）．新たな再エネの中では，2000年頃から風力の導入が進んできたが，2010年頃からは太陽光が急速なコスト低下とともに導入量を伸ばしている．

再エネの熱供給に注目することも重要である．そもそも人類は原始時代から

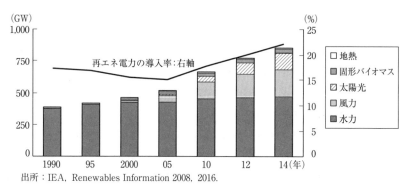

出所：IEA, Renewables Information 2008, 2016.

図2-8 OECD諸国の再生可能エネルギーによる発電設備容量と導入率（電力量ベース）

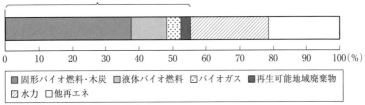

出所:IEA, Renewables Information 2016.

図 2-9 OECD 諸国の再生可能エネルギー利用(2015 年度暫定値)

薪を燃やして暖をとってきたが,これは古典的な再エネによる熱供給である.現代においても,ペレットストーブなどの形で「再生可能熱」が供給されており,地方自治体がゴミの焼却熱によって温水プールを運営する事例もある.これらバイオマスは,本質的には燃料であるため熱供給が主流であり,欧州ではコジェネも盛んである.

OECD 諸国全体で見れば(2015 年度暫定値),再エネは 510 Mtoe で,1 次エネルギー総供給量 の 9.7% を占める.この内約半分強がバイオ燃料・再生可能廃棄物に当たり,それはさらに,固形バイオ燃料,液体バイオ燃料,バイオガスなどに分類される.残りが主として発電で,その半分が伝統的な水力に当たる(図 2-9).

技術開発が期待される新たな再エネ

新たな再エネの技術開発も進められている.海の波を利用する波力,潮の満ち引きを利用する潮力,バイオ燃料となる藻類バイオマスなどである.また太陽光パネルについても,現状では 15% 程度に止まっている発電効率を高める,シート状で多様な壁面などに貼れるようにする,あるいは風車を大型化するとともに出力調整できるようにする,海上に浮かせて発電する(浮体式洋上風力)といった様々な開発が進められている[16].

これら新たな再エネを検討する場合の最大の障壁は,経済効率性である.波力などの新たな再エネは,まだコスト面で実用段階に達していない.一方で,風力や太陽光などは近年量産化が進み,発電コストが急速に下がっている(第 11 章第 1 節).

表 2-4 アメリカの発電コスト予測(LCOE)

(米セント/kWh)	2018年時点	2022年時点	2040年時点	設備利用率	22年から40年の低減率
先端石炭＋CCS	—	13.95	12.58	85%	−9.8%
先端GTCC	4.89	5.72	5.6	87%	−2.1%
先端ガスタービン	8.51	9.47	8.97	30%	−5.3%
先端原子力	—	10.28	9.3	90%	−9.5%
地熱	—	4.5	5.7	91%/92%	＋26.7%
バイオマス	—	9.61	7.87	83%	−18.1%
風力	5.83	6.45	5.88	40%	−8.8%
洋上風力	—	15.81	13.37	45%	−15.4%
太陽光	8.08	8.47	7.12	25%	−15.9%
太陽熱	22.03	23.59	20.5	20%	−13.1%
水力	—	6.78	6.53	58%	−3.7%

出所：US Energy Information Administration, Levelized Cost and Levelized Avoided Cost of New Generation Resources in the Annual Energy Outlook 2016.

ところで，複数の発電方式のコストを比較するのが，LCOE：均等化発電原価の手法である．電源ごとに適切な建設費用や燃料費，運転年数や設備利用率を想定し，モデル計算することで，将来時点の平均発電単価を計算する．あくまで一般的・平均的な予測値であり，案件ごとに実際の発電コスト(実績)は異なるが，将来の電源ミックスや投資の評価を行う際には役に立つ．

表 2-4 は，米エネルギー情報局が発表した，2018年時点，2022年時点，2040年時点の発電コストの予測値である．成熟した技術である火力に対して，新たな再エネはコスト低減の余地が大きいことが分かる．第12章第6節の発電コストの試算も，同様の考え方に基づいている．

以下では，水力以外の再エネの中から，風力，太陽光・太陽熱，バイオマス，地熱について個別に見ていく．

■ コラム5 排熱利用と熱電併給

1次エネルギーを2次エネルギーへ変換する過程で大量のエネルギーが捨てられていることは，既に触れた．火力にせよ原子力にせよ，発電の過程で発生する熱エネルギーを全て利用することは技術的に難しいのである．だからこそその排熱を集めて再利用することが，エネルギー効率の向上の観点から望ましい．

例えば，GTCC（ガスタービン・コンバインドサイクル，CCGT と呼ぶこともある）という発電方法がある．ガスタービンによる一度目の発電の過程で生じた排熱を使い，水蒸気を発生させて二度目の発電を行うのである．これにより，通常のガスタービンのエネルギー利用効率が 40% 程度であるのに対して，GTCC は 50% から 60% に達する．

また，発電と熱供給を同時に行うのが，熱電併給（コジェネレーション，コジェネ）である．発電の際の排熱をそのまま熱として再利用することにより，利用効率が高まる．化石エネルギーを使った火力発電以外に，地熱やバイオマス，燃料電池（後述）でもコジェネとしての利用が可能である．

コジェネは，熱需要のあるところで利用することが基本となる．電力と異なり，熱は長距離輸送が難しい（温度が下がる）ため，できる限り供給現場の近くで消費することが望ましい．そのため，暖房や温浴の需要がある場所を選んで設置する必要があり，その制約が普及を妨げている側面もある．しかし，欧州などではコジェネが普及している．日本より寒さが厳しく，熱供給の重要性が高い地域が多いこと，以前から地域熱供給網が整備されていることなどが，理由として挙げられる．社会インフラが関わることであり，短期間で普及させることは難しいものの，エネルギー効率を上げる観点から政策的な対応が望まれる．

風力

風力というエネルギー自体は，オランダで有名な風車などにおいて産業革命以前から利用されてきた．風の力によってブレード（翼）を回し，その回転エネルギーによって発電機を動かすのが，風力発電である．新たな再エネの中では最も発電コストが低いとされ，また風力エネルギーは比較的世界各地に遍在することから，1990 年前後から積極的に開発されてきた．近年はブレードの大型化を進めることで発電効率が上がり，低コスト化が進んでいる．大規模な出力 5 MW 級のものでは，ブレードの直径が 120〜130 m，地上からの高さは 150 m 以上にもなる．

他方，大型風車の設置により景観を害する，低周波音を発生させる，渡り鳥

の障壁となるといった環境上の課題もある．欧州などでは陸上の適地が減ってきたこともあり，近年ではこれらの問題の少ない洋上への設置(オフショア・ウィンドファーム)も進められつつある．その際には，漁業権との調整が必要になり，また海上まで送電網を建設する費用もかかる．最大の短所とされているのは，出力変動であろう．風況に応じて出力が変動するため，需要の少ない夜間には風力だけで供給過剰となることもある．これには，送電網の広域運用といった対策が採られている(第11章第3節)．

太陽光と太陽熱

太陽光は地球上の生命体の源であり，これを人類は有史以前から照明や暖房に利用してきた．植物が光合成を通して成長できるのも，太陽光のおかげである．近代以降の狭義のエネルギーとしては，太陽光パネル(太陽電池)を通して発電する方法と，太陽光が有する熱を集めて発電や熱供給に利用する方法とに大別できる．

太陽光発電は，シリコンなどから成るパネルに太陽光を照射することで，エネルギーを直接電気に変換(光起電力効果)する．かつては変換効率が低く，コストが極めて高かったが，技術開発と大量生産により大幅な低コスト化が進み，近年の大量導入(図11-6)につながっている．

発電効率が規模に左右されず，屋根などを含む様々な場所に設置可能，原理的に可動部がなく故障が起こりにくく，したがって保守管理費用が余りかからない，建設開始から短期間(数カ月から1年)で運転開始できる，電力需要が増える昼間に発電するといった長所がある．他方，夜間は発電せず設備利用率が低い(現状では10～20%程度)，そのため地価が高い場所には向かない，風力発電と同様に天候に応じて出力が変動する，メガソーラーなどの設置に当たり景観を害するといった短所がある．

太陽熱発電は，レンズなどを用いた太陽炉で集光し，それを熱源として蒸気タービンを可動させて発電する．原理的に火力発電と同じであり，蓄熱機能を付けることで出力変動を抑えることができ，夜間でも発電が可能になる．太陽光発電と比べて単位面積当たりの設備投資が少なくて済むが，規模の経済性が働くため大規模な土地を必要とする．

太陽熱は熱供給にも利用できる．太陽熱温水器はその典型例である．家庭の屋根などに集熱器を設置し，温水や温風を作り出して給湯や暖房に利用する．太陽光パネルと比べれば，設備費用が小さいことが長所と言えよう．

バイオマス

バイオマスとは，エネルギーとして利用できる生物体を指す．有機性燃料として化石エネルギーの代替となり，その供給源に応じて大きく3つに分類できる．第1に，家畜の糞尿，食品廃棄物，製材工場の廃材，廃食油などの廃棄物系バイオマスである．本来廃棄物はコストを払って処理しなければならないため，それをバイオガスなどのエネルギーとして活用する価値は高い．第2に，稲わらやもみ殻，間伐材などの林地残材といった未利用バイオマスである．これらは有効利用されていない植物資源であり，エネルギー利用できれば経済的便益が大きい．第3に，さとうきびやトウモロコシといった資源作物である．これらは輸送用のバイオ燃料になるが，食料生産との競合という問題がある．

消費用途としては，木質ペレットなどの固形燃料やバイオガスによる発電と熱供給，バイオ燃料による輸送用などに分類できる．消費すれば燃料自体はなくなるが，生物起源のため，数年から数十年で再生可能と考える．また，有機物であるため燃焼時には二酸化炭素を排出するが，生物の成長過程で光合成などにより吸収したものであるため，全体としては二酸化炭素を増加させておらず，カーボンニュートラルとされている．

短所として，燃料として収集・調達コストがかかり，流通経路の整備が必要な点が挙げられる．木質バイオマスやゴミ等の廃棄物は，エネルギー密度は必ずしも高くない上，一定量を継続的に調達できなければ利用価値が下がる．例えば，林業のサプライチェーンの中で間伐材や端材を低コストで回収し，発電所などに運搬し続ける仕組みが必要となる．これらバイオマスを調達するコストが化石エネルギーより高い場合も多く，結果的に外材の木質バイオマスを輸入して利用するようなことになれば，再エネが持つエネルギー自給上の価値は下がる．またこのため，燃料費（調達費用）が変動するというリスクがある．

地熱

　地熱は，地球内部のマグマなどの熱源に由来する熱エネルギーである．火山地帯などで地中から噴出する熱水や水蒸気を直接利用したり，地下に水を流し込んで水蒸気として回収したりする．温泉や温水を利用した暖房なども地熱利用の一形態である．発電に利用する場合には，ゼロエミッションである上，天候に左右されず24時間運転が可能な安定的な電源となり，比較的コストが低い場合が多い．取り出した熱水の温度が低い場合に，水より沸点が低いフロンなどの媒体を加熱源として使う，バイナリーサイクルという方式もある．

　日本は，アメリカやインドネシアに次いで，世界第3位の2,300万kW以上の地熱資源量を有すると言われる．しかし，現存する発電所の設備容量は52万kWに過ぎず，有効利用されているとは言い難い．その要因として，地熱エネルギーの多くが国立公園などの地下にあり，自然公園法の下で環境保護の観点から開発が難しいこと，地域の温泉組合などが資源枯渇を懸念して反対しがちなこと，事業を始める前提として地熱貯留層を探査の上特定するリスクが高いことなどが挙げられる．

第7節　水素エネルギー

究極のエネルギー

　未来のエネルギーの主役になる可能性があるとして近年高い注目を集めているのが，水素である．水素は，元素記号の1番目に来る気体として知られているが，水の電気分解や天然ガスを含む炭化水素などからも容易に作り出せる[17]．再エネによる余剰電力の水素変換や，下水汚泥や食品廃棄物などに由来するバイオガスからも生成できる．水素が燃焼する際には，酸素と反応して水とエネルギーが生み出されるが，二酸化炭素といった副産物を伴わない．したがって，エネルギー安全保障上も環境適合性上も価値が高く，「究極のエネルギー」として期待されている．

　燃料電池は，このような水素エネルギーの原理を活用した発電装置である[18]．天然ガスなどから水素を取り出し，これを空気中の酸素と反応（水の電気分解の反対）させて，電気を得ることができる．電気化学反応であるため，発電時に

二酸化炭素を排出せず[19]，かつエネルギー利用効率が高い．また排熱も利用できるため，電気だけでなく熱も発生させられる（コジェネ）．その結果，総合エネルギー効率は80％に達する．エンジンやタービンが必要ないため，運転時の振動や騒音がないという長所もある．

日本企業が先行

燃料電池の原理は，19世紀初頭には発明されていたが，実用化研究が進んだのは1970年代の石油危機以降である．2009年には，家庭用燃料電池であるエネファームが世界で初めて日本において商品化され，2016年度の国内売り上げ台数は4万7,070台に及んでいる[20]．また，燃料電池車（FCV）も注目されており，2015年にトヨタ自動車が世界に先駆けてMIRAI（ミライ）を商業発売した．水素を充填し，燃料電池で動く電気自動車の1形態と位置づけられるが，充電のみの一般の電気自動車より航続距離が長い上，充填時間が短いという優位性を備える．

このような水素エネルギーや燃料電池については，特に日本において期待が高い．それは，再エネや下水汚泥といった未利用エネルギーなどを含む様々なエネルギーから生成でき，化石エネルギーに乏しい日本にとって調達が容易な2次エネルギーであること，製造や貯蔵，輸送などの面で様々な技術開発が進んでおり，日本企業が比較的先行していること，特に日本に競争力がある自動車分野において次世代の鍵となるエネルギーであり，やはり日本メーカーが先行していること，などに因る．

供給インフラという課題

このように水素エネルギーは様々な理想的な条件を有しており，関係企業による開発競争も加速されているが，2つの大きな課題がある．第1に，その設備機器のコストが未だ極めて高いことである．例えば前述のミライは，車両価格が723万円であり，補助金などの優遇措置を加味しても，価格が500万円を超えているという．また，発電効率や耐久性の向上など維持費のさらなる低減も求められている．

第2の課題は，水素エネルギーを利用するインフラの整備である．ガソリン

にはガソリンスタンド網が，電力には送配電網があるように，水素についても供給網を整備しなければならない．しかし2017年8月現在，全国に燃料電池車用の水素ステーションは91箇所しかなく[21]，エネファームは都市ガス網などへの接続に限定されている．初期投資が莫大になるほか，爆発への懸念が強く，高度な安全性が求められることも，インフラ整備の障壁となっている．

第8節 省エネルギー

省エネルギーの意義

　本章の最後に取り上げる省エネとは，個別に供給されるエネルギー源ではない．消費主体からの働きかけとしてエネルギー消費を相対的に減らすことの総称である．前述の通り，人類はエネルギー消費を拡大しつつ経済成長を成し遂げてきたが，その結果様々な環境問題を引き起こし，また供給上の制約も顕在化している．エネルギー消費のあり方を見直すことにより消費量を減らす，あるいは消費増を抑制することは，エネルギー問題の解決や緩和にとって極めて重要である．またその結果，エネルギー費用の削減をもたらす上，その分の化石エネルギーの輸入を減らすことで，エネルギー自給率の向上にもつながる．そのため省エネは，経済的及び社会的意義が高く，かねてより政策対象となってきた．一方でそれは，無理に進めれば経済活動を制約する上，一定のコストを伴うという課題もある．

　省エネには，エネルギー消費量の絶対的な削減とエネルギー効率の向上という2つの側面があることに留意が必要である．エネルギーの枯渇性や気候変動問題に根本的に対処するには，結果として絶対量を減らすことが求められる．その単純な方策は，照明や暖房の利用時間を短くすることである．テレビのコンセントをこまめに外して待機電力を減らすこともこれに該当する．これらの結果，確実にエネルギー消費は減る．しかしその結果，暗いのに，寒いのに我慢するといった便益の低下が生じることがある．コンセントをこまめに外すという手間(コスト)も発生する．

エネルギー効率の概念

　上記を狭義の省エネとすれば，エネルギー効率の向上とは，単位エネルギー当たりの便益を増やすことを意味する．例えば燃費のよい車に乗り換えれば，その車の単位ガソリン当たりの効率が向上するため，同じ量のガソリンでこれまでより長い距離を走れるようになる．その結果，エネルギー消費が減る可能性が高いが，必ずしもそれを約束するものではない．ガソリン代が安くなったからということで，車に乗って遠出する人もいるかもしれない．

　要するに現実社会では，人口増加が前提となりまた経済成長が求められる中で，消費の絶対量を減らすことは容易ではない．そのため政策的には，エネルギー効率の向上が選ばれやすい（第10章第4節）．同じだけの便益を享受しつつエネルギー消費を減らすことを目指すが，実際には便益の絶対的増加が求められがちであるため，全体としての消費量は増えることが多いのである（図1-3）．

　省エネは供給側ではなく消費側の行動に依存している．一般に供給主体は売り上げを減らしたくないため，省エネを働きかけることは難しい．また消費主体の立場からすれば，これまでエネルギーから得てきた便益をなるべく減らしたくない．使っていない部屋の電気を消す，寒すぎたエアコンの温度設定を上げるといったことは，比較的楽な省エネであろう．これに対して，自動車を使わずに5 km の距離を歩くとなると，負担と感じる人が多いのではないか．しかし，ガソリン代が高騰している時には，これに取り組む人が増えるかもしれない．あるいは，省エネ性能の高いエアコンに買い換えるには，一定の費用がかかる．それでも，電気代の削減により5年間で元が取れるとすれば，多くの人が喜んで買い換えるかもしれない．このように省エネの具体的形態は多様であり，その取り組み主体も多岐にわたる．

エネルギー効率の指標

　エネルギー効率は，いくつかの指標で定量的に示すことができる．供給機器については，投入したエネルギーに対して利用できたエネルギーの割合を，変換効率と呼ぶ．**コラム5**のGTCCの例は，これの向上を実現している．消費機器のエネルギー効率は，投入したエネルギーに対して得られる便益で示すことができる．自動車の燃費（km/ℓ）は，その典型例である．あるいは巨視的に

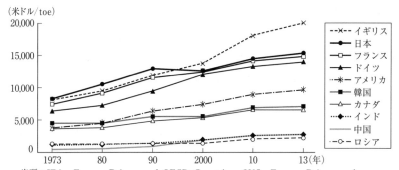

出所：IEA, Energy Balances of OECD Countries, 2015, Energy Balances of non-OECD Countries, 2015.

図2-10　主要国のエネルギー経済効率の推移

見れば，一国の GDP を最終エネルギー消費量で割ることにより，その国が単位当たりエネルギーでどれだけ経済成長したかがわかる．これが，エネルギー経済効率である．

主要国についてエネルギー経済効率を求めると(図2-10：2013年)，全般的に向上し続けていることがわかる．これ自体は望ましいことだが，それでもエネルギー最終消費の絶対量が増え続けていることに留意が必要である．前述の通り，エネルギー効率の向上は，エネルギー消費の絶対量の削減を約束してくれないのである．

その中でも，日本はイギリスやドイツなどとともに世界的に見てエネルギー効率が高いのに対して，アメリカやカナダといったエネルギー生産国はそれほど高くない．そして，中国やインドといった発展途上国はさらに低い．先進国は，一般に人口に比してエネルギー消費量が多いが，相対的に無駄なく使っているのである．換言すれば，発展途上国のエネルギー効率の向上には大きな余地があるということになる．

このように省エネの可能性は大きいものの，これを推進するには供給側が主体となる一般的なエネルギーとは異なる課題がある．最大の課題は，対象が余りにも多く多様であるため，対策が一筋縄では行かないということだ．供給者は相対的に限られるため，政策による働きかけが容易なのである．これについては，省エネに対する政策としてさらに第10章第4節で考察する．

第2章　多様なエネルギーとその特徴　　53

〈主要参考文献〉

本章の執筆に当たっては,『エネルギー白書』の記述のほか,各関連業界団体のウェブサイトの解説などを参考にした.また,IEAの各データ集には各エネルギーの最新の動向が記述されており,参考にした.

1) 「石炭の歴史」については石炭エネルギーセンター・ウェブサイトを参照されたい.
2) IEA, Coal Information 2016.
3) IEA, Oil Information 2016.
4) ハイブリッド車とは,ガソリンエンジンとモーターの双方を有する車を指す.ガソリンを基本的なエネルギーとしつつ,ブレーキによる回生エネルギーを蓄電池に貯め,部分的にモーターでも駆動する.エネルギー効率が高まるため,ガソリン車と比べて燃費がよい.これに対して電気自動車とは,エンジンを持たず充電した蓄電池だけで駆動する車を指す.化石エネルギーを使わないため,運転中はゼロエミッションとなるが,ハイブリッド車と比べて大型の蓄電池が必要になり,コストや航続距離といった課題がある.
5) IEA, Natural Gas Information 2016.
6) なお,日本最大の天然ガス調達企業は,東京ガスではなく東京電力である.
7) 日本ガス協会・ウェブサイト「都市ガス事業に関する情報」.
8) 日本LPガス協会・ウェブサイト「LPガス需給の推移」.
9) 高速増殖炉のサイクルが技術的に実現困難なことから,使用済み核燃料を増殖させずに再処理するに止め,MOX(酸化混合)燃料として再利用する軽水炉サイクルが日本などで部分的に行われている.
10) 日本でも,1980年から動力炉・核燃料開発事業団(現日本原子力研究開発機構)が,高速増殖炉原型炉もんじゅを福井県に建設して研究開発を続けてきたが,大きな成果を上げることなく2017年に廃炉を決定した.この間,1兆円以上の国費が投入された.
11) その背景には,各原発から発生した使用済み核燃料を青森県六ヶ所村の再処理工場に保管している問題もあるとの指摘がある.青森県は国や電力会社との間で,再処理をしない場合にはこれら核燃料を各原発へ戻すという約束を交わしている.核燃料サイクルを止めれば核燃料は廃棄物として戻されることになるが,各原発の核燃料プールの容量が不足してしまうため,そもそも発電ができなくなるのである.なお,再処理をしない国では,放射性廃棄物として直接処分されている.
12) 唯一フィンランドにおいて,高レベル放射性廃棄物の地層処分の候補地が決定され,準備が進められている.
13) 日本は非核兵器保有国として唯一再処理が認められた国であるが,核燃料サイ

クルが進まないことからプルトニウムの保有量が増えて47トンに達しており，核不拡散の観点からアメリカなどに問題視されている．

14) 揚水発電とは，上池と下池の2つの調整池を有し，下池から水を汲み上げて電力を消費するとともに，上池から放水時に発電するという2つの機能を備える．夜間の電力供給過剰時などに，敢えて電力を消費して下池の水を汲み上げ，水流という位置エネルギーに変換して上池に貯蔵することで，蓄電機能を果たす．そのため，総合的な発電コストは高くなるが，電力の貯蔵や需給調整，負荷追従の機能に優れている．
15) IEA, Electricity Information 2016.
16) 日本でも福島県沖や長崎県五島市などで浮体式洋上風力発電の事例がある．水深に影響を受けないため，その可能性は大きい．
17) 自然界に大量に存在するものの，そのままの状態では利用できず，人為的に天然ガスの改質などの過程を経る必要がある．
18) 太陽電池という呼称と同様，燃料電池にはいわゆる蓄電池としての機能はない．
19) 化石エネルギーを改質して水素を取り出す際には，二酸化炭素を排出する．そのため気候変動対策の観点からは，再エネで発電した電気から水素を取り出すといった方法が求められる．
20) コージェネ財団・ウェブサイト「エネファーム　メーカー販売台数」．2017年3月末現在．その9割以上が都市ガス型．
21) 次世代自動車振興センター・ウェブサイト「水素ステーション整備状況」．

第Ⅱ部：エネルギー政策理論

　第Ⅱ部では，いよいよエネルギー政策に関する理論的な解説に入る．第Ⅰ部で見てきた通り，エネルギーは我々の経済社会に必要不可欠な財であるが，その供給や消費において様々な制約や課題がある．そこに政府が関与する余地が生まれる．とはいえ，現実のエネルギー供給事業の多くは民間企業に担われており，今後もそうであろう．エネルギーの需給において，政府は何をすべきで何をすべきでないのか，市場との役割分担を考えることが，政策論としての重要な論点の1つとなる．

　教科書としての本書の本質的な内容となる第Ⅱ部では，まず第3章において市場の失敗といった公共政策の概念，そして3Eといったエネルギー政策の目的，そしてエネルギーミックスの考え方を理解する．次に第4章では，政策の体系や形式といった概念を踏まえ，エネルギー政策の分類を試み，また関連する法制や税制を具体的に見ていく．そして第5章では，エネルギー政策の立案や決定，実施といった過程と，そこにおける主体やその相互作用について考える．

第3章
エネルギー政策の基礎概念

第1節　公共政策とその要素

公共政策の定義

　エネルギー政策は公共政策の一分野である．では，そもそも公共政策とは何だろうか．公共政策とは，社会における公共的な課題への解決・対処策であり，政府（国・地方自治体）の活動の具体的内容である．外交政策，社会保障政策，環境政策など，様々な分野を対象とする政策があり，エネルギー分野を対象とするものがエネルギー政策ということになる．

　公共政策は，第4章で説明する通り様々な形式をとるが，いくつかの共通する要素に整理できる．それらは以下の6つであるが，これらの要素が明確化されていることが，政策の効果的な実施の上でも重要である．

公共政策の目的，主体，対象，手段

　第1に目的である．政策の前提として公共的な課題があるはずであり，それを解決することにより目指す状態が目的である．1つの政策の中に，複数の課題と複数の目的があることも珍しくない．この政策目的が明確でないと適切な解決手段を立案できず，「無駄な公共事業」といったことになりかねない．そのため政策目的には数値目標の設定を伴うこともある．

　第2に主体である．一般に政府組織は巨大であり様々な部署からなるため，その中のどの組織が責任や権限を有し，また実施するのかを予め定めなければならない．この過程では，省庁間の調整を必要とし，対立や権限争いが生じることもある．あるいは，企画・推進の主体と規制・監督の主体が分かれている場合もある．

第3に対象である．その公共的な課題を解決するには，主として働きかける特定の対象があるはずである．具体的には，地域社会や住民，消費者，産業分野や企業などであり，それら主体が明確化されることにより，効果的な対応が可能になるとともに，政策効果の評価も可能になる．

第4に手段である．上記の目的を達成するには，通常いくつかの具体的な行動案が考えられるだろう．例えば，防衛のように政府が行政サービスとして直接供給する，工場の排出基準のように政府が民間企業などを直接規制する，炭素税や太陽光パネルの補助金のように経済的に誘導する，あるいは政府が企業や市民に情報提供し，自発的な行動を呼びかけるといったものである．その政策課題の特徴に応じて，効果的な政策手段を選択することが求められる．

公共政策の権限，財源

第5に権限である．政策の実施は広義の公権力の行使に当たり，経済社会に大きな影響を与えるため，その乱用は許されない．したがって国や地方自治体が行動するに当たり，それを正当化する権限や根拠が必要になる．具体的には，法律や条例，政令や省令によって規定されている場合，あるいは総合計画や予算に明記され，決定されている場合などがある．

第6に財源である．多くの政策には多額の資金が必要であり，予算の手当てが求められる．一般に歳出は税金や公債などの歳入によって賄われ，事前に予算編成が必要である．エネルギー政策に関する財源や税制については，改めて第4章第5・6節で詳述する．

第4章と第5章では，これら6要素について詳細に考えていくが，本章で注目したいのは最上位の概念としての目的である．エネルギー政策に限らず，政府の活動たる公共政策を考える際には，何が公共的な課題なのか，それは政府の役割なのか，市場介入すべきなのかという議論が常につきまとう．

第2節　政府の役割と市場の失敗

政府の役割と市場介入

近代資本主義社会の黎明期であるアダム・スミスの時代には，レッセフェー

ル(自由放任主義)が主張され,政府はできる限り市場に介入すべきでないとされた.「神の見えざる手」などと呼ばれたように,企業や消費者による市場を通した自由な経済活動に全面的に委ねることで,最も効率的な資源配分が達成されると考えられたからである.

しかし総論的に言えば,その後先進国を中心に福祉国家化・行政国家化が進み,政府の役割は大きくなった.公共政策は増加し,行政組織は大きくなり,財政も拡大し,市場介入の度合いは強まった.このような政府の役割に関する議論に際しては,経済学における「市場の失敗」の概念が有効である.

市場の失敗

経済学では,様々な財・サービスの取引を媒介する市場の機能を重視し,市場が正常に機能している場合には,効率的な資源配分が達成されていると考える.例えば,食品スーパーでは様々な種類のリンゴが販売されている.価格,味や大きさ,産地など,消費者は自由に選択できる.消費者から選ばれるリンゴの価格は上がり,供給は増え,そうでないリンゴの供給は減る.

ここに政府が介入し,貧困者対策として価格を一律50円に設定する,あるいは特定地域のリンゴのみ販売を許可するといった「政策」を執行すれば,市場取引は混乱し,供給量が足りなくなったり,不要に価格が高騰したりするだろう.実際にこのようなことは,旧ソ連など社会主義国で発生した.換言すれば,政府が恣意的に市場介入すれば,効率的な資源配分が阻害されるため,原則として政府は市場介入すべきでないということになる.

多くの財において市場は正常に機能すると考えられるが,いくつかの財や場合については原理的に機能しないことがある.これが市場の失敗であり,一般に公共財,自然独占,外部性,情報の非対称性の4つが挙げられる.これら市場が機能しない場合には,政府の関与・介入が積極的に求められることになる(表3-1).エネルギー政策論では,市場の失敗の概念が極めて重要であり,特に公共財,自然独占,外部性の3つについて,節を改めて説明する.

表3-1　市場の機能と市場の失敗の概念の関係

	市場が機能している場合	市場の失敗の場合	政府の失敗の場合
対象	通常の財	4つの財	政府の介入
資源配分	効率的	非効率	さらなる非効率
求められる対応	市場の監視	政府の介入	規制改革

出所：筆者作成．政府の失敗については，**コラム6**を参照．

第3節　公共財，自然独占，外部性

公共財は市場で供給されない

　第1に公共財とは，非排除性と非競合性の双方を満たす財と定義される．排除性とは料金を徴収できることを指す．料金を徴収できなければ，誰でも無料でその財を消費でき(非排除性)，費用を回収できないため，一般に企業は供給してくれない．競合性とは，1つ消費すれば1つなくなり，他の消費者は確実に消費できなくなることを意味する．しかし衛星放送サービスのような場合には，消費者が1人増えても混雑せず，追加的な費用なしで全員が同時に同量を消費できる(非競合性)．非排除性と非競合性の双方を満たす財が(純粋)公共財であり[1]，例えば防衛，警察，一般道，空気などが挙げられる．

　公共財は市場で供給されないため，政府が税金などを使って直接供給することが一般的である．この概念は，後述するエネルギー安全保障(本章第4節)の議論につながる．あるいは，空気や景観のように，そもそも自然環境によって自動的に供給・形成されており，コストがかからない公共財(自由財)もある．これらは政府が物理的に供給する必要すらないが，だからこそ後述する環境問題につながりやすい．

公益事業における自然独占

　第2に自然独占とは，その財の性質上，少数企業による市場の独占が生じやすいことを指す．電力，都市ガス，通信，鉄道，水道といった，莫大な設備投資を必要とするネットワーク型の事業では，初期に積極的に投資して規模を拡大した企業が圧倒的に有利になる．これを規模の経済性という．このような特

徴を持つ財の供給を自由競争に委ねれば，後発の競合他社は市場からの退出を余儀なくされ，最後に残った独占企業は価格を吊り上げることができる．このような自然独占性の高い，そして必需性の高い財を供給する事業を公益事業と呼ぶ．

公益事業では，政府が予め特定の事業者に法律によって独占(法定独占)を認め，参入規制をかける一方で，独占による弊害を防止すべく，価格規制や退出規制などを課すことが求められる．これらを公益事業規制と呼ぶが，電力や都市ガスは典型的な公益エネルギー事業であり，政府による様々な規制の対象となる．一方で近年では，技術革新などにより自然独占性が低下する分野が出ており，法定独占とされていた市場の開放，すなわち自由化が進められている．

負の外部性としての環境問題

第3に外部性とは，ある経済主体の決定や行動が，市場を通さずに他の経済主体に影響を及ぼすことを指す．前述のリンゴの取引で言えば，消費者は100円というコストを払ってリンゴ1個という便益を享受し，供給者はリンゴ1個を失う一方で100円を得られる．両者の間で取引の影響は完結しているように見える．ここでもしリンゴの生産過程で人体に有害な農薬が使われ，それが原因で周辺地域の飲み水が汚染されたとしよう．地域住民は環境問題の影響を受け，その費用を払わされることになるが，本来それはリンゴの供給者が生産過程で支払うべきものであろう．しかし，市場取引にはその社会的費用は含まれていなかったのである．

このような場合，事後的に損害賠償を行う，すなわち汚染主体が費用を支払うことが考えられる．しかし本来なら事前に有害物質の使用が規制され，生産過程で処理されることで，第三者に影響が及ばないことが望ましい．そのような市場介入の結果，当然リンゴのコストが上がる．それは一義的には消費者が被ることになるが，その結果消費量が減るだろう．これは，社会的費用が内部化された結果，外部性が解決されたことを意味し，適切な資源配分が実現されることになる．

このように環境問題は典型的な負の外部性の現れであり，政府の市場介入が求められる．逆に，第三者に便益をもたらす正の外部性もあり，研究や教育は

その代表例である．例えば研究開発への投資が進み，様々な技術や新製品が開発されれば，一般にその国全体が豊かになると考えられる．研究に投資していない企業や国民も含めて，全体がプラスの影響を受けるため，正の外部性なのである．そのため政府は，積極的にそれを振興する，例えば基礎研究に補助金を出すことが，正当化される．

■ コラム6　市場の失敗と政府の失敗

　市場の失敗は，市場が十分に機能しない状況を指し，政府による介入を正当化する．だからといって，政府が介入すれば資源配分の最適化が必ず実現されるとは限らない．むしろ，政府の裁量的な介入の結果，さらなる非効率が生じることがある．これを「政府の失敗」と呼ぶ（表3-1）．

　例えば，公共財である一般道を政府が直接供給することは，市場の失敗により正当化される．しかし，往々にして無駄な公共事業が発生することが知られている．そもそも政府が一般道の真の需要を予測するのは難しい上，特定の政治家による地元への利益誘導という配慮からの介入を招くことが多いからである．

　また，鉄道や電力のような自然独占分野において，国営独占企業が経営を続けた結果，巨額の赤字を抱え込んだという話も耳にする．一般に独占企業は市場競争にさらされないため，高コスト体質になりがちで，サービス向上の意欲も低いからである．公益事業規制によりその弊害を減らすことが期待されているが，規制当局が十分に機能しない場合には，料金が高止まりするといった非効率が生じるのである．

　あるいは，自然環境保護のために国立公園について利用規制を課した結果，それが過剰規制になり，地下にある地熱エネルギーを利用できないといったことも生じている．環境問題は負の外部性であり，それを低減するための規制は必要であるが，どの程度まで厳しくするのが経済社会的に最適かを見極めることは難しいのである．またこの背景には，政府組織内部の縦割りという要因が働いていることもある．

　このように，政府も万能ではなく失敗を起こす．これに対して，改めて市場メカニズムを発揮させようとする政策が，規制緩和や市場自由化である．

政府の市場介入の領域を小さくしようということであり，第9章で触れる．市場の失敗と政府の失敗はともに生じうる課題であり，その事例に応じた適切な対処が求められる．

第4節　エネルギー政策における3E

エネルギー問題とエネルギー政策

前節まで，政府と市場との役割分担についての一般的な説明をしてきたが，エネルギー政策はエネルギーに関する公共的な課題への解決・対処策と定義できる．では，エネルギー問題とは何だろう．

第1章で説明してきた通り，エネルギーは経済社会に必要不可欠な財である．一方で，枯渇性や偏在性，海外依存，環境への悪影響といった様々な制約や脆弱性を抱えている．エネルギー価格が高騰したり，そもそも供給が途絶えたりといった危険性もある．これらがエネルギー問題であり，これらを回避してエネルギーを安定的に使える状態を確保することが，エネルギー政策の包括的な目的ということになろう．

他方，その前提として，エネルギーという財それ自体は公共財でないことに留意する必要がある．周知の通り，消費者からの料金(電気料金，ガソリン代)徴収が可能であり，排除性が働くため，行政が税金を使って直接供給する必然性はない．また，都市ガスにしても灯油にしても，一定量を消費すれば確実になくなる．再エネとしての風力自体はなくならないが，それで作られた電力はやはりなくなるため，競合性もある．

したがって，そこにおける政府の役割は，エネルギーという財を直接供給することではない．上記の公共的な問題の解決のために適切に市場介入し，生産活動や消費行動を規制あるいは支援・誘導することにある．これを，前述の市場の失敗などを踏まえて考察すれば，エネルギー政策の目的はさらに以下の3つの論点に分けられる．

経済効率性

　第1の目的は，価格が低廉で多くの国民・消費者にとって手が届くことである．これを経済効率性と呼ぶ．

　エネルギーを消費する側からすれば，価格は1円でも安い方がよい．とはいえ市場で取引される財の価格は，需要と供給により決まる．鰻の供給量が減少すれば価格は高騰し，消費者が我慢することで需給が均衡する．しかしエネルギーは必需品なので，そうはいかない．大きく消費を減らせないエネルギーという財の価格が高騰すれば，企業活動や市民生活に与える影響は極めて大きい．そこに，政府が関与する余地が生じる．

　一般には，市場が機能して経済効率性が実現されることが，最も望ましい．理論的には，自由競争により資源配分の効率性が高まれば，価格も下がりやすい．しかし実際に電気事業やガス事業では，つい最近まで政府の認可が必要な規制料金が維持されてきた．これは，法定独占によって歪められがちな経済効率性を，政府の市場介入により担保するためと説明できる．これをさらに政治的に行う例として，発展途上国などにおいてガソリン価格や電気料金を補助金によって人為的に安く設定することが挙げられる．

　一方で，1990年代から自由化されているガソリンについては，海外市場の影響で価格が大きく変動することが珍しくない．その度に消費者からの不満も高まるわけだが，自由化時代のエネルギー価格に政府がどの程度関与できるか，すべきかは，判断の難しい問題である．そのような中で経済効率性を発揮させ，低廉な価格を実現することは，現在においても重要な政策指標とされている．

エネルギー安全保障

　第2の目的は，そのエネルギーが途絶することなく確実に供給されることである．これをエネルギー安全保障と呼ぶ．

　必需品たるエネルギーにとって，多少価格が上がること以上に，石油の輸入停止や停電の方が経済社会に深刻な影響をもたらすであろう．このエネルギー安全保障という概念は，さらに2つの段階に分けることができる．

　まず1次エネルギーが物理的に調達される段階である．国内に油田や炭鉱といった形で1次エネルギーを有し，できる限り輸入に頼らない状態が，国家の

安全保障という観点からは望ましいだろう．国内で消費する1次エネルギーのうち，自国内で確保できる割合がエネルギー自給率であるが[2]，これが高ければ高いほど国家として安全であろう．それが難しければ，海外から輸入することになるが，その場合でも輸入元が政情の安定した友好国か，複数の国・地域に分散しているかなどによって，安全保障の程度は変わる．

次に，国内の公益事業の供給網を通して消費者まで供給される段階である．国内の発電所で大量に発電できても，暴風により送電線が切れて停電が発生する，老朽化によりガス管が破損して都市ガスの供給が止まるといったことが起きれば，安定供給は損なわれる．いざという時にどの程度備えた供給サービス体制を整えるか，保安体制にどこまでお金をかけるかは，供給コストに，したがってエネルギー料金にも影響する．

これら2つの段階を通じてエネルギー安全保障は確保されるが，エネルギー価格（経済効率性）と比べれば，エネルギー自給率のような概念に対して消費者の日常的な関心は低いだろう．空気はあって当然と思われているように，エネルギー安全保障も欠如した時に初めて大騒ぎになる．その一例が石油危機であった．それは外交とも関係する話であり，政府が確保すべき公共財に近いものと考えられ，重要な政策目的となる．

環境適合性

第3の目的は，その供給体制や消費行動が自然環境や生活環境に過度に負荷をかけないことである．これを環境適合性と呼ぶ．

エネルギー供給事業に限らず，近年のあらゆる企業活動において環境適合性はますます重要な指標となっている．特に1990年代以降は，気候変動問題に対して二酸化炭素の排出をいかに減らすかに世界的な関心が集まっている．この主因は化石エネルギーであり，エネルギー供給事業者の責任は重い．二酸化炭素を排出しないエネルギーはゼロエミッションと呼ばれ，原子力，再エネ，水素などが該当する．また気候変動問題以外にも，水力発電用ダムの建設による自然環境破壊，風力発電機による景観破壊，海底油田事故による海洋汚染，原発の放射性廃棄物の処理も，環境問題と言えよう．

前述の通り，環境問題は負の外部性の現れであり，これを是正するために環

境政策が施される．二酸化炭素の排出制限や国立公園での開発行為の禁止といった直接的な規制以外に，太陽光パネルへの補助金や炭素税といった経済的な誘因を付与する方法もある．いずれも市場の失敗のケースであるため，政府による市場介入が正当化され，エネルギー政策の重要な論点となる．

3Eのトリレンマ

これら3つのエネルギー政策の目的を，経済効率性：Economic Efficiency，エネルギー安全保障：Energy Security，環境適合性：Environmental Sustainability の頭文字から，3E(3つのイー，スリー・イー)と呼ぶ．要するに，低廉な価格で，必要な量のエネルギーを安定的に供給しつつ，同時に低炭素化など環境への配慮を両立させることが，エネルギー政策の主要な目的となる．

これら3Eが同時に達成されれば言うことないが，現実には1つで全てを満たす理想のエネルギーは存在せず，相互に矛盾し合うことが多い．例えば，石炭は一般に価格が安く経済効率性を満たすが，二酸化炭素を大量に排出するため環境適合性は低いと考えられる．これに対して再エネは，環境適合性が高い上に純国産であるためエネルギー安全保障の向上にも資するが，一般に発電コストは高い場合が多い．このように，こちらを立てればあちらが立たないといった状況を，3Eのトリレンマと呼ぶ．これを整理したものが，表3-2である．

表3-2 3Eから見た各エネルギーの特徴

	経済効率性	エネルギー安全保障	環境適合性
石炭	低コスト	問題 (非産出国の場合)	高エミッション
石油	高コスト	極めて問題 (非産出国の場合)	中エミッション
天然ガス	中コスト	問題 (非産出国の場合)	低エミッション
原子力	低コスト (高リスク)	準国産 (核燃料サイクルを前提に)	ゼロエミッション 放射性廃棄物処理
水力	低コスト	純国産	ゼロエミッション 自然環境破壊
太陽光	高コスト	純国産 出力変動という問題	ゼロエミッション 景観破壊

出所：筆者作成．一般に言われる評価を筆者なりに整理したものであり，状況や前提に応じて，あるいは時代に応じて，異論がありうる．

安全性としてのS

なお原子力については，3Eの全てを満たす理想的なエネルギーと言われた時期があった．少量のウランで大量に発電できるため発電単価が低く，核燃料サイクルにより半永久的に発電が続けられるため「準国産エネルギー」であり，かつ「ゼロエミッション」だからである．しかし，その事業リスクから現実に低コストと言えるのか懐疑的な意見もあり（第12章第6節），また核燃料サイクルの技術的困難さや放射性廃棄物の最終処分の社会的受容性の問題から，批判的な評価も根強い．

特に2011年の福島原発事故以降は，安全性：Safetyに厳しい目が向けられるようになった．これまで当然の前提とされていた安全性を，改めてエネルギー政策の基本目的と位置付けるべきとされ，最近の日本では「3E+S」といった表現もなされるようになった．3E+Sもさらに相反する関係（"クアドレンマ"？）にある．例えば，原発の安全性を強化すればするほど，コストが上昇して経済効率性が損なわれる．これら原子力に関する評価は，第12章の論点となる．

第5節　諸外国の3Eの状況

3Eとはエネルギー政策の国際的な概念であり，日本に限らずその達成を政策上の目的と位置づけている国は少なくない．一方で各国が置かれたエネルギーを巡る状況は多様であり，3Eの現状や将来目標も一様ではない．

エネルギー価格の多様性

第1に経済効率性についていえば，エネルギー価格が安い国もあれば高い国もある．一般論で言えば，産油国はガソリン価格が安いだろうし，膨大な水力エネルギーに恵まれたカナダは電気料金が安い（図3-1）．競争が激しいかそうでない（独占）かも影響するだろう．発展途上国などでは，消費者（有権者）対策として政策的にエネルギー価格を抑えている場合もある[3]．

図3-1は，2000年代以降の家庭用と産業用の電気料金の推移を示している．全般的に右肩上がりに上昇していることが分かる．その主因は，2000年代の

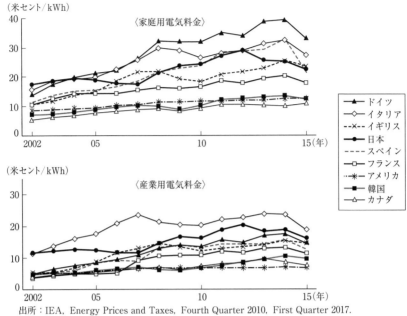

出所：IEA, Energy Prices and Taxes, Fourth Quarter 2010, First Quarter 2017.

図3-1　主要国の電気料金の推移

化石エネルギー価格の高騰である．新興国の経済発展によりエネルギー消費は伸び続け，特に化石エネルギーの価格は上がり続けた(図2-3)．世界の発電電力量の半分以上は火力によるため，電気料金も上がり続けたのである．

「税金等」の要因も

またエネルギー価格を議論する際には，料金に含まれる構成要素に注意が必要である．その財の供給自体にかかる費用(実質的料金)以外に，通常は税金などが上乗せされている．消費税(付加価値税)，環境税，その他の税や賦課金などがあり，その割合が国によって大きく異なるのである．それら税金などは，まさに政策的に課された費用であり，エネルギー政策による市場介入の現れと言えよう．エネルギー税制については，第4章第6節で触れる．

電気料金の話に戻ると，特に欧州では，2000年代以降に付加価値税や環境税，固定価格買取制度の賦課金(第11章)などを増やした国が多く，料金高騰に

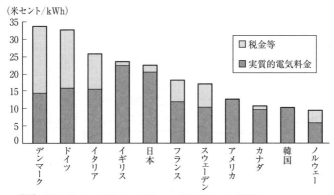

出所：IEA, Energy Prices and Taxes, First Quarter 2017.
図3-2 主要国の家庭用電気料金に占める税金等の割合(2015年)

拍車をかけた(図3-2)．デンマークやドイツは，省エネへの効果という意図も含めて，政策的に電気料金を高くしていると考えられる．一方で，産業用電気料金の方が家庭用よりも高騰の度合いが小さいのは(イタリアを除いて：図3-1)，企業の国際競争力の観点からこれら政策的費用を抑制しているからと考えられる．また，2008年から2010年にかけて料金が下落している国が多いが，これはリーマン・ショックの影響と思われる．このようにエネルギー価格の推移は，政策意図や経済情勢を反映するのである．

エネルギー自給率の格差

第2にエネルギー安全保障については，本章第4節で触れたエネルギー自給率が主要な指標となる．エネルギー自給率が100%以上であれば，国内で必要としているエネルギーを自ら賄っているということであり，安全保障上優れていることになる．

とはいえ自給率が100%というのは，厳密な意味での自給自足とは異なる．全体としては100%であったとしても，例えば石油は輸出して石炭は輸入するということが一般的である．また，同じ天然ガスについても，市況に応じて輸出も輸入も同時に行うことが珍しくない．あくまで総和の概念として，100%を超えればエネルギーの純輸出国ということになるが，各エネルギー別に対策が必要となる．

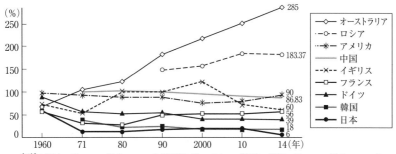

出所：IEA, Energy Balances of OECD Countries, 2013, 2015, Energy Balances of non-OECD Countries, 2012, 2015

図3-3　主要国のエネルギー自給率の推移

　図3-3の通り，エネルギー自給率には大きな差がある．オーストラリアやロシアは，代表的なエネルギー輸出大国である．中国は国内の石炭や石油を中心に利用してきたが，経済成長とともに需要が拡大して賄いきれなくなり，自給率が下がってきている．それが近年の活発な資源獲得活動につながっている．アメリカは生産大国であるとともに消費大国でもあるが，近年はシェールガスの開発が進み（第8章第5節），自給率が高まってきている．資源小国と呼ばれる日本は20％弱程度で推移していたが，2011年の福島原発事故以降，全国の原発がほぼ全て停止したため，6％という極めて低い状態に陥っている[4]．このほぼ全てが水力発電である．

　国内の供給段階についていえば，ガソリンスタンドの普及度，ガス導管や熱供給網の整備度，停電時間の長短などによって，エネルギー安全保障（安定供給）の度合いを測ることができる．発展途上国では，停電が頻繁に起きる地域やそもそも非電化地域も少なくない．このような場合は，（多少価格が安かったとしても）安定供給が達成されておらず，エネルギー安全保障上の問題があると言える．日本では，国内の供給体制は高い水準で維持されてきたが，例えばガソリンスタンド網については，過疎地において維持が難しくなってきている．

二酸化炭素の排出量

　第3に環境適合性については，まずは気候変動問題の主因である二酸化炭素排出量に注目すべきであろう．国単位で見れば，中国，アメリカ，インドとい

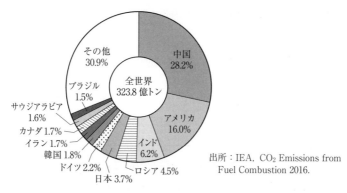

図 3-4 エネルギー起源二酸化炭素の国別排出量(2014 年)

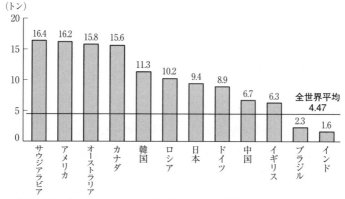

出所：IEA, CO₂ Emissions from Fuel Combustion 2016.

図 3-5 主要国の 1 人当たりエネルギー起源二酸化炭素排出量(2014 年)

った人口の多い国が上位に来る(図3-4)ため，これらの排出大国が対策を取らなければ世界全体としての実効性に乏しくなる．一方でこれを人口 1 人当たりで見れば，先進工業国や産油国が上位に来る(図3-5)．

一般に経済成長とエネルギー消費量は比例し，したがって二酸化炭素排出量も比例すると考えられる(図1-4)．そのため歴史的に見れば，産業革命以来西側先進国が排出を積み重ねてきたのであるが，これらの国々は現在は環境意識が高いため，気候変動対策に積極的になりやすい．対照的に発展途上国は，これから化石エネルギーを使って経済成長する権利があると主張しがちになる．

第 3 章　エネルギー政策の基礎概念　　73

このような国ごとあるいは歴史的な不均衡をどう調整するかが、気候変動問題の主要な論点となる(第10章)。

気候変動問題以外に、一般的な自然環境破壊にも配慮すべきことは言うまでもない。例えばガソリンには、二酸化炭素以外に窒素酸化物(NOx)や粒子状物質(PM)が含まれており、大気汚染の主因となってきた。日本は1960年代に四日市ぜんそくなどの公害に苦しめられたが、現代の中国やインドでは大気汚染が深刻な問題となっていることは、よく知られている。

原子力発電についていえば、放射性廃棄物の最終処分は大きな環境問題と言えよう。科学的には地層処分が望ましいとされているが、フィンランドで比較的進んでいる例を除けば、全ての国で処分の目処が立っていない。再エネについても、景観を害する、自然環境を破壊するといった問題点が指摘されており、地域社会などとの合意形成や利害調整の状況は、国によって異なる。

第6節　エネルギーミックスの考え方

エネルギーミックスという構成比

3Eあるいは3E+Sが相反するトリレンマの関係にあるとして、一国のエネルギーの状況がどれだけ3Eを満たすかを分析する際には、その構成比が重要な指標となる。例えば、低コストだが高エミッションの石炭の割合が大きければ、低エミッションの天然ガスを増やすことが考えられる。海外の化石エネルギーに依存し過ぎている場合には、純国産である再エネの割合を高めるべきとなる。1つで3Eの全てを満たす理想のエネルギーは存在しない以上、複数のエネルギーをバランスよく組み合わせ、少しでもリスクを分散させることが、次善の策となる。

このように複数のエネルギーを適切に組み合わせる考え方やその構成比を、エネルギーミックスと呼ぶ。エネルギーミックスは、現状の構成比であるとともに、将来の予測値や目標値としても使われる。特にバランスの取れた理想的なエネルギーミックスをベストミックスなどと呼び、これを中長期的に追求すべき目標として掲げる国もある。この目標を実現すべく、多様な施策を組み合わせるのであり、民間企業にとっても事業上の参考指標となる。

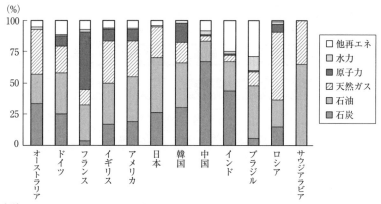

出所：IEA, Energy Balances of OECD Countries, 2015, Energy Balances of non-OECD Countries, 2015. 石油とは、原油と石油製品の合計値。サウジアラビアのみ2012年の数値。

図3-6 主要国のエネルギーミックス（エネルギー源別1次エネルギー供給割合）

多様なエネルギーミックス

図3-6は2013年の主要国のエネルギーミックスを示しているが，極めて多様であることに気づくだろう．第1章でも見た通り，多くの国で化石エネルギーの割合が高いが，中国は石炭だけで67％以上を占めるのに対して，ロシアは天然ガスが，サウジアラビアは石油の割合が最も大きい．これらは，自国で産出しているエネルギーに依るということだろう．

また，フランスは原子力の割合が特に大きく，その分化石エネルギーへの依存度を抑えられている．ブラジルでは他再エネの割合が大きいが，これは穀物などから作ったバイオ燃料が自動車に使われている他，銑鉄の製造過程で木炭が燃料として使われており，それも含まれている[5]．日本については，福島原発事故前には韓国程度の原子力比率があり，バランスが取れているといった指摘もあった．しかし，原発の多くが運転停止したため，化石エネルギーへの依存度が94％以上と極めて高くなっている．

将来目標としてのエネルギーミックス

図3-6は1次エネルギー全体を対象としているが，電力に絞ったものを電源ミックスあるいは電源構成という．現状のエネルギーミックスや電源ミックスに対して，例えば「エネルギー転換」を進めているドイツは，2022年までに

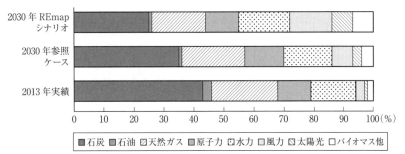

出所：IRENA, Roadmap for a renewable energy future, 2016 edition.「参照ケース」とは，特別な対策をしないシナリオということ．

図 3-7　国際再生可能エネルギー機関の 2030 年の電源ミックス予測

原発ゼロ（脱原発），2030 年に再エネを 50％，2050 年に再エネを 80％ にする，電源ミックスの目標を掲げている（第 11 章）．その他，デンマーク（2050 年：全エネルギー），アメリカのハワイ州やカリフォルニア州（2045 年：電力のみ）など，再エネに絞って 100％ を目指すといった国や地方自治体も少なくない．

　国際機関も様々なエネルギーミックスを発表している．例えば，国際再生可能エネルギー機関（IRENA）は，気候変動対策のために全世界の最終エネルギー消費に占める再エネの割合を，2016 年の 18.4％ から 2030 年には倍増の 36％ にする必要があるとしており，2030 年の電源ミックス予測を示して（図 3-7）そのための対策（シナリオ）を提言している．これによれば，2030 年の電源ミックスに占める再エネの比率は 44％ となる．ただこれは，目標値というよりも予測値という性格が強い．国際機関はそれ自体が個別のエネルギー政策を実施する主体ではないので，中立的立場からいくつかのシナリオに沿ってモデル予測を行うということなのだろう．

エネルギーミックスの限界

　他方で，エネルギーミックスという政策手法には限界もある．政府がこのような数値目標を決めて市場介入すると，個別のエネルギー業界に対する恣意的な補助金などが実施され，非効率な資源配分という結果に終わる可能性がある．そのようなことは止めて，原則として市場取引に委ねる一方で，その前提として炭素税を課すなど外部性を内部化する競争条件を整えることが，政府の役割

だというのである．こうして市場取引に委ねて実現された結果こそが，消費者が選んだベストミックスになる．このような主張は，市場メカニズムを重視する経済学者などからなされることが多い．

実際にエネルギーミックスという政策手法の「実績」を見ると，例えば目標設定から10年後，20年後に十分に達成されていないことが少なくない．特に原子力政策など市場から乖離した分野では，政府の目標値は希望的観測から高めになりがちで，目標の修正を繰り返すといったことも起きている．いかに客観的な議論を経て合理的な計画を策定するか，政策手段を市場適合的なものに限定するか，政策の質を高める努力が必要であろう．

〈**主要参考文献**〉

本書では，経済学における市場の失敗の概念を理解することが極めて重要である．エネルギー問題の多くは，負の外部性や公共財，自然独占の概念を使って説明できるからである．市場の失敗については，多くのミクロ経済学の教科書で解説されており，以下を紹介しておく．

- ジョセフ・スティグリッツ他(2012)『スティグリッツ入門経済学』第4版，東洋経済新報社．
- 八田達夫(2008)『ミクロ経済学Ⅰ』東洋経済新報社．

---

1) 非排除性と非競合性の双方を満たす財が，純粋公共財である．これ以外に，非排除性のみを満たす財として水資源などのコモンプール財，非競合性のみを満たす財として衛星放送などのクラブ財がある．
2) 似たような概念に食料自給率がある．
3) OECD諸国の韓国もこれに該当する(図3-1)．
4) ウラン燃料を輸入する必要がある原子力を自給率に含めるかには議論がある．IEAは，少量のウランで大量に発電できること，使用済み核燃料の再処理が可能なことを理由に，準国産エネルギーとして自給率に含めている．
5) IEA, Energy Balances of non-OECD Countries, 2015.

第4章
エネルギー政策の枠組み

　第3章では，市場の失敗の概念を前提に，エネルギー政策の目的について3Eというキーワードから整理した．この3Eあるいは3E＋Sを達成するために，エネルギーミックスという長期目標があり，多様な施策が講じられるというエネルギー政策の全体像を理解してもらえたと思う．

　本章では，引き続き公共政策の理論を踏まえつつ，エネルギー政策を具体的に見ていく．政策体系や形式を踏まえ，エネルギー政策の分類を試み，また法制や特別会計，財源としての税制といった，エネルギー政策の枠組みを学んでいく．第5章とあわせて，これらの知識が第Ⅲ部や第Ⅳ部の個別政策の理解の基礎となる．

第1節　政策体系

政策・施策・事業の階層構造
　本章で個別のエネルギー政策を議論する前提として，本節と次節では公共政策の体系や形式について一般的な考え方を整理しておきたい．これまで「政策」という言葉を漠然と使ってきたが，それは広義の概念である．さらに狭義の概念や分類があり，全体として階層構造を成している．
　公共政策は3つの体系から成ると考えられる．第1段階として，狭義の「政策：policy」とは，政策体系の最上位の概念であり，基本理念を体現する．例えば，「高齢者福祉政策」は，高齢者に対する福祉を包括する政策領域を指し，高齢社会対策基本法がそれを担保している．
　第2段階として，「政策」で示された基本理念を実現するための手段として，「施策：program」がある．施策は政策よりも具体的な個別の方策を指し，例

えば高齢者福祉政策分野の施策としては，在宅介護支援や介護施設整備が挙げられる．

最後の段階が，さらに具体的な実施活動としての「事業：project」である．高齢者福祉政策分野では，ヘルパー派遣事業，入浴サービス事業，介護教室事業などが該当する．この段階では，政策の対象がより限定され，予算措置と直結している．このように抽象理念から具体的手段へと，階層的に整理できるわけだ．

エネルギー政策の体系例

エネルギー政策分野について政策体系を示せば，まずエネルギー源別に，石油（備蓄・流通）政策，石炭政策，原子力政策，再生可能（新）エネルギー政策，省エネルギー政策などに分類できるだろう．概ね，省庁の課に対応していると考えられる．

次に原子力政策の体系を取り上げれば，立地施策，核燃料サイクル施策，（廃棄物処理などの）バックエンド施策などが位置付けられる．課から室が対応していることが多い．

最後に，「電源立地地域対策交付金」事業，「高速増殖炉原型炉研究開発」事業，「地層処分技術調査委託費」事業といった，年度単位で管理された個別具体的な事業を列挙できる．これらを整理したのが，図4-1である．

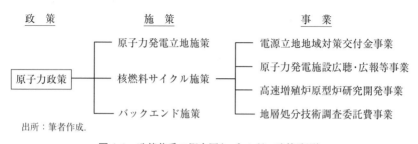

出所：筆者作成．

図4-1　政策体系の概念図(エネルギー政策分野)

第2節　政策の形式

法令

　政策や施策といっても現実には様々な形式をとる．第1に法令である．法治国家における政府の活動は，議会を通して法律が制定されることで，これに拘束されるとともに，これ自体が最上位の規範として政策の基本的枠組みを提供する．法律に基づいて政府が制定する政令や省令，地方自治体の議会が制定する条例，首長が定める規則も政策の一形式であり，法律とともに法体系を成す．法令(案)を策定することは，所管省庁にとって大きな政策行為である．

　エネルギー政策分野では，エネルギー政策基本法を頂点に，原子力政策分野だけでも，原子力基本法，核原料物質，核燃料物質及び原子炉の規制に関する法律(以下，原子炉等規制法)，原子力損害の賠償に関する法律(以下，原賠法)，そして組織法である原子力損害賠償・廃炉等支援機構法などが制定されている．さらに技術基準省令や保安省令，設置許可基準規則や実用炉規則なども含め，原子力政策の法体系を成している．本章第4節で改めて整理する．

大綱・計画

　第2に大綱や計画である．政府や自治体は，しばしば法令などに基づいて，政策大綱や基本計画を策定する．これらは通常数十ページにわたって整理された行政の活動指針・行動計画であり，詳細まで含む包括的な形式の政策である．このような政策手段は計画的手法と呼ばれ，政府自身が指針にするとともに，民間企業や消費者の行動に対するシグナルともなる．

　エネルギー政策分野では，エネルギー政策基本法が規定するエネルギー基本計画を頂点に，原子力政策大綱や長期エネルギー需給見通しなどがある．環境省が所管する地球温暖化対策計画も，エネルギー政策に関係する．政府は，これら計画の中にエネルギーミックスの目標値や中長期的な施策案を盛り込む．計画に明記することがその後の予算編成の際の根拠になるため，計画の策定には様々な意向や利害が絡む．地方自治体も，長期総合計画の中で，あるいはこれと連動させる形で，エネルギー関連の計画を策定するところがある[1]．

予算

　第3に予算である．多くの施策や事業の実施には費用がかかる．いくら計画しても，予算の裏付けがなければ絵に描いた餅に終わる．国でも地方自治体でも毎年予算編成を行い，税収などの歳入の裏付けを持ちつつ，様々な歳出の見積もりを示す．したがって，予算書は財源の裏付けであると同時に，それ自体が政策を体現しているのである．

　エネルギー政策分野にも予算があり，毎年度開始前に所管省庁である経済産業省資源エネルギー庁が，「資源・エネルギー関係予算の概要」として公表している．2017年度の予算額は8,526億円に達し，その内8,474億円を後述するエネルギー対策特別会計(以下，エネルギー特会：その内経済産業省分)から賄っている(本章第5節)．これを項目別に整理した表4-1を見ると，どのような施策があるか，どのように予算が配分されているかが分かるだろう．概ね，大項目が政策に，中項目が施策に，小項目が事業に対応していることが看て取れる．

第3節　エネルギー政策の分類

エネルギー源別の分類

　本節では，様々なエネルギー分野の政策や施策をどのように分類するのが効果的なのか考えてみよう．表4-1の分類は，所管省庁である資源エネルギー庁が行ったものと言えるが，エネルギー源別を基本としているようだ．「省エネ」，「新エネ」(再エネ)，「エネルギーセキュリティ」は主として化石エネルギー，「エネルギーインフラ」の後半部分は原子力と，第2章の節にほぼ対応している．これら以外に「研究開発」は横断的な分類といえるが，ここには次世代エネルギーとしての水素が含まれている．

　資源エネルギー庁の組織編制も概ねエネルギー源別となっている(第5章第4節)．資源・燃料部に石油・天然ガス課や石炭課，省エネルギー・新エネルギー部に省エネルギー課や新エネルギー課，電力・ガス事業部に原子力政策課といった具合である．公共政策の要素(第3章第1節)の観点から言えば，エネルギー源別とは政策の対象別に該当する．各エネルギーは概ね関係業界に対応するため，働きかける対象別に分類したほうが，行政から見れば効率的なのだろ

表 4-1 エネルギー関係予算の主要項目(単位:億円)

大項目	中項目(施策)	小項目(事業)	2017年度	2016年度
福島から未来発信 (317)	福島新エネ社会構想 未来を先取るプロジェクト	廃炉・汚染水対策事業		161(補正)(新規)
		再エネ導入促進の支援事業費補助金	25	(新規)
		水素製造技術開発・実証	47(内数)	28(内数)
		ロボット・ドローン省エネ社会実現プロジェクト	33	(新規)
省エネルギー (1,492)	産業,家庭・オフィス,運輸部門の省エネ対策	省エネ投資促進の支援補助金	672.6	625
		省エネ建設機械の導入事業費補助金	14.1	18
		クリーンエネルギー自動車導入事業費補助金	123	137
	省エネ研究開発	革新的省エネ技術開発促進事業	80	77.5
		革新型蓄電池基盤技術の開発事業	29	28.8
新エネルギー (1,329)	再エネ普及,水素・燃料電池の導入支援	福島沖浮体式洋上風力実証研究事業	24	40
		地熱資源量調査事業費補助金	90	100
		再エネ熱事業者支援事業	63	48.5
		エネファーム等導入支援事業費補助金	93.6	95
		水素ステーション整備事業費補助金	45	62
	新エネ研究開発	太陽光発電のコスト低減技術開発事業	54	46.5
		波力・潮流発電技術の研究開発事業	6	10
		電力系統出力変動の技術研究開発事業	73	65
エネルギーセキュリティの確保 (1,491)	資源権益獲得	石油天然ガス田の炭鉱・資産買収出資金	550.8	560
		海外地質構造調査・情報収集事業	88.5	20.5
	国産資源開発	資源国との関係強化支援事業費	34	40
	国内外の鉱物資源確保	地質調査・メタンハイドレート研究開発委託費	242	(新規)
		海洋鉱物資源開発	113	101.6
	低炭素化の研究開発	次世代火力発電技術の開発事業	115	120
		苫小牧CCS大規模実証試験事業	78	69
エネルギー・環境研究開発 (1,304)		水素エネルギー先進的技術開発事業	10	15.5
		省エネ型化学品製造プロセス技術の開発事業	21	21.9
		次世代パワーエレクトロニクス技術開発事業	22	21.5
		IoT推進技術開発事業	47	33
エネルギーインフラ充実 (3,686)	製油所災害対応能力強化	石油コンビナート生産性向上推進事業費	140	130
		災害時の地域エネルギー供給拠点整備事業費	24.5	20.2
	石油・LPガス備蓄体制強化	国家備蓄石油・施設の管理委託費	538.7	520.1
		石油備蓄事業費補給金	283	286
		離島のガソリン流通コスト対策事業費	30.5	30.5
	新エネルギーサプライチェーン構築	未利用エネルギーの水素サプライチェーン構築実証	47	22
		分散型エネルギーシステム構築支援事業	63	45
	福島復興の加速 原子力の社会的信頼確保,安全性向上 原子力立地地域支援	原子力損害賠償・廃炉等支援機構交付金	470	350
		高速炉国際協力の技術開発委託費	52	53
		高レベル放射性廃棄物地層処分の技術開発	36.1	36.5
		電源立地地域対策交付金	823.8	868.9
		福島特定原子力施設地域振興交付金	84	84
エネルギー産業の国際展開 (1,155)	資源権益獲得(再掲)		906	852
	海外エネルギー市場獲得	省エネ・新エネの国際標準の獲得普及	25	25.5
		エネルギー消費効率化国際実証事業	140	40
		地球温暖化対策技術の普及推進事業	19	24
年度計			8,526	8,437

出所:経済産業省「平成29年度 資源・エネルギー関係予算の概要」(2017年3月).小項目は代表例のみ.なお,これは経済産業省分のみであり,これ以外に文部科学省分などがある.

う．

　なお，日本の各エネルギー政策の詳細や現状については，以下の資源エネルギー庁のウェブサイト「エネルギー政策について」に公開されている．その分類は，エネルギー政策(全般)，省エネルギー・新エネルギー政策関連，資源・燃料政策関連，電力・ガス政策関連となっており，組織編制に合致している．『エネルギー白書』などとともに，このような公式ウェブサイトの情報も1次資料であり，政策研究に活用できる．

　http://www.enecho.meti.go.jp/category/

政策手段別の分類

　政策対象に応じたエネルギー源別の分類以外に，特に政策研究のためには，手段別に分類することにも意味がある．すなわち，前章第1節の議論を踏まえ，また市場の失敗の概念を敷衍すれば，政策手段はその機能に応じて，以下の5つに分けることができる．

　第1に，外交・安全保障といった公共財の提供に関連するものである．産油国との外交関係を適切に保ち，権益獲得などに関係する資源外交を行うことは，民間企業ではできない政府ならではの役割であろう．石油の国家備蓄も，国内的にエネルギー安全保障を確保する手段である．資源エネルギー庁について言えば，資源・燃料部の所管分野に当たる．なお，国によっては国営企業などの形態で財の供給事業が運営される場合があるが，これは公共財の提供とは異なることに留意する必要がある(**コラム10**)．

公益事業規制と競争政策

　第2に，企業などの事業活動に対する規制である．まず，電力や都市ガスといった自然独占性の高いエネルギーの供給事業に関連して，参入や退出，価格などに関する公益事業規制を行う．次に，安全性や保安に関する規制もある．規制監督行政には補助金のような費用がかからないため，予算(表4-1)には直接の項目が見当たらないかもしれない．一方でその行政当局としての影響力は甚大であり，(環境省が所管している)原子力安全規制も含めれば一定の予算額に達する分野と言えよう．

なお，規制が裁量的に行われると「政府の失敗」(**コラム6**)に陥る．市場の失敗について説明した通り，本来的には市場メカニズムに委ねることが望ましく，政府には独占禁止法(正式には，私的独占の禁止及び公正取引の確保に関する法律)などに基づいて市場競争を監視する役割があり，競争政策と呼ばれている(第8章)．法定独占であった市場を自由化する際には，改めて競争を促進する政策が求められることになる．

研究開発

第3に，研究開発である．エネルギー分野ではリスクの高い研究開発が求められることが多く，基礎研究には正の外部性があるため，政府による支援が正当化される．政府の研究機関(例えば，産業技術総合研究所，日本原子力研究開発機構)が自ら行う場合もあるが，大学や民間企業への補助金という形態をとる場合も多い．

主要国政府のエネルギー関連の研究開発実証費を IEA のウェブサイトから比較すると，2015年時点の予測値で日本は24億ドルと，アメリカの61億ドルを別にすれば金額が大きく，ドイツ，イギリスなどの2倍以上に達している．それに占める原子力分野の割合については，多くの国で1990年代までは70%以上が維持されていたが，その後右肩下がりになっていったことがわかる(図4-2)．日本では，福島原発事故が起きるまで高い割合が維持されてきたが，2015年には40%以下まで下げている．この代わりに増えたのが，再エネ分野

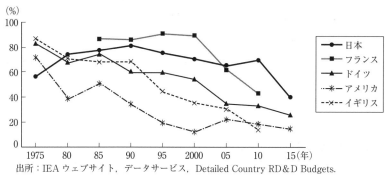

出所：IEA ウェブサイト，データサービス，Detailed Country RD&D Budgets.

図4-2 主要国のエネルギー分野の研究開発実証費における原子力分野の割合

であった．

産業振興

第4に，補助金などによるエネルギー産業の振興や市場拡大である．エネルギー産業とは，産油国の石油会社や日本の旧来の炭鉱会社のような1次エネルギー開発会社，電力やガスといった国内の公益事業者，さらには重電やインフラに関わるメーカーまで含む．国によっても異なるが，これらは重要な産業の一角を占めることが多く，雇用や国際競争力の観点からも政府には振興する動機がある．そのため，不確実性の高い開発事業に補助金を出したりする．

特に自国内に1次エネルギーが賦存する場合には，鉱業に対する監督や保安も重要である．発展途上の産油国では，石油産業は国家経営そのものであり，その重要性から石油大臣を置いて価格や生産量を統制し，国営石油会社が生産から輸出までを担うことが珍しくない[2]．

産業振興策の目的は，あえて言えば自国の経済発展となるが，市場の失敗の概念からは明快に説明できない．具体的には，幼稚産業の保護・支援や衰退産業の再編支援などの目的が挙げられるが，不要な市場介入として批判されることもある．

環境保護

第5に，エネルギー需給にまつわる環境保護である．これは負の外部性の是正と説明でき，直接的には環境政策として環境省が所管する．1980年代以降の気候変動問題の顕在化に伴い，その主因が化石エネルギーであるため，エネルギー政策の立場から対策を施さなければ実効性に乏しいという構図にある．欧州などでは，環境省が炭素税や排出量取引制度[3]による低炭素化を講じるとともに，エネルギー所管省庁は，ゼロエミッション電源の割合を高めること，CCSを導入すること，省エネを進めることなどを担う．

エネルギー政策のマトリックス

このように，エネルギー政策をエネルギー源別と政策手段別に分類すると，縦軸と横軸のマトリックスで整理することができる．表4-2は，そのマトリッ

表 4-2　エネルギー政策のマトリックス

	外交安全保障 (公共財)	規制 (自然独占)	研究開発 (正の外部性)	産業振興	環境保護 (負の外部性)
化石 エネルギー	油田権益確保 石油国家備蓄	保安規制 ガス事業法	高効率化技術 CCS 実証試験	産炭地補助	炭素税 排出量取引
原子力	ウラン資源確保 原子力協定	安全規制	高速炉技術	電源三法制度	除染
再エネ	固定価格買取		洋上風力技術	太陽光パネル補助金	立地規制 景観条例
省エネ		エネルギー管理 断熱性能基準	省エネ技術 蓄電池技術	省エネ機器補助金	エコカー減税
電力		電気事業法 (公営電力会社)	電力系統技術		固定価格買取
その他		熱供給事業法	燃料電池技術	水素ステーション整備	

出所：筆者作成.

クスに施策・事業名を入れたものである．このように整理することで，様々な機能を持った政策・施策がエネルギー源に応じて複合的に講じられていることが分かる．

なお，これら政策手段別の分類は，明快に割り切れるものではなく，1つの施策が複数の機能を併せ持っていることが珍しくない．例えば，電源三法に基づく立地交付金制度といった原発の支援策(第12章第1節)は，一義的には原発という正の外部性が高い電源(ゼロエミッション，準国産)を開発することを目的とするが，原子炉メーカーなどの国内産業を振興するという目的や，立地自治体に雇用を生み地域活性化に資するといった目的も指摘できる．またエコカー減税は，その名の通り燃費のよい自動車を増やして気候変動対策とすることが大きな目的だが，実際には自動車メーカーに対する補助による売り上げの下支えという，産業振興的な目的が大きかったとの指摘がある．

また，これら複数の政策が相矛盾することもある．例えば，エネルギー安全保障のために政府が油田開発を支援することが，中長期的には気候変動問題の悪化につながりかねない．あるいは，固定価格買取制度により再エネという純国産エネルギーを増加させる一方で，風力発電や太陽光発電の開発が景観を損ねることもある．政府には，常に異なる政策間の調整が求められているが，特に所管部署が異なる場合には，それは口で言うほど容易ではないのである．

第4節　エネルギー関連法制

エネルギー政策基本法

エネルギー政策分野には多数の法律があるが，その最上位に位置するのが，2002年に制定されたエネルギー政策基本法である．それは，「地域及び地球の環境の保全に寄与するとともに我が国及び世界の経済社会の持続的な発展に貢献することを目的と」し，「エネルギーの需給に関する施策に関し，基本方針を定め」(同法1条)るとされる．さらにその目的は，「安定供給の確保」(2条)，「環境への適合」(3条)，「市場原理の活用」(4条)の3つに具現化され，これらは3Eに該当する．このため同法は，政府に「エネルギー基本計画」を策定し，3年ごとに評価と変更を行うことを義務付けている(12条)．このエネルギー基本計画が，エネルギー政策全般を網羅する中長期的な活動指針となる(第12章第6節)．

ただし，エネルギー政策基本法は21世紀に入ってから制定されたものであるから，それ以前から各エネルギー分野別に法体系が存在したことに留意する必要がある．例えば原子力基本法は1955年に制定されており，原発に限った長期計画を策定してきた．換言すれば，これまでは縦割りであったエネルギー政策を総合的に推進するために，議員立法でエネルギー政策基本法は制定された．エネルギー基本計画によるエネルギー分野を横断した総合計画的手法が始まったのは，2002年以降ということになる．

石油業法の廃止

化石エネルギーの分野では，かつて石油業法があった．石油業法は，1962年の原油輸入自由化を機に，国内の石油業界を規制するために制定された．同法に基づき，精製設備や精製業者を許可制としていたが，1980年代以降は自由化・規制改革が進められ，2002年には石油業法が廃止された．自由化の過程で，関連する特定石油製品輸入暫定措置法や揮発油販売業法も廃止されたが，現在でも石油の備蓄の確保等に関する法律は残っている．

一方，鉱業法は国内のエネルギーを含む鉱物資源の開発を所管する．石炭の

他，銅や亜鉛など，日本でも以前は鉱業が盛んだった．あらゆる鉱物の営利目的の採掘においては，国から「鉱業権」を得なければならない(同法7条)．鉱業権や鉱区，鉱害の損害賠償など，鉱業に関わる基本的な制度が定められている．関連法として，採石法，鉱山保安法などもある．

電気事業法の規制改革

電力や都市ガスといった公益事業分野には，電気事業法やガス事業法がある．これらは典型的な公益事業規制であり，1990年代までは法定独占が大原則であった．すなわち，参入規制をかけることにより限られた事業者に地域独占を保証する一方で，料金規制や退出規制を課すことで，市場支配力の乱用を防止しようとした．自然独占性の低下とともに，これらが1990年代以降自由化され，規制改革されていく過程については，第9章で詳細に検討する．

原子力政策は，電力分野の1政策であるが，公益事業規制とはやや性格を異にする．「国策民営」と呼ばれるように，1950年代の初期段階から政府が事業経営に深く関与し，1955年に原子力基本法を制定し，「民主」，「自主」，「公開」の三原則(同法2条)が掲げられた．原子炉等規制法，原賠法など，安全性や事故賠償などに関わる法律もある．また，特別会計を構成する電源三法は，電力分野の産業振興的政策の基盤となっており，原発の立地対策という性格が強い(第12章第1節)．

再エネ特措法，省エネ法

再エネに対しては，石油危機後の1980年に石油代替エネルギーの開発及び導入の促進に関する法律(以下，代エネ法)が施行された．この中に太陽光や風力といった新エネルギー(コラム7)も位置付けられ，技術開発などが進められた．これを受けて1997年には，新エネルギー利用等の促進に関する特別措置法(以下，新エネ法)が施行され，長期的な導入目標を掲げ，経済効率性を克服して推進することとなった．

■ **コラム7 再生可能エネルギー，新エネルギー，自然エネルギー**

本書では，水力，風力，太陽光，バイオマス，地熱といった自然現象に直

接由来し，短期的に枯渇することのないエネルギーを再生可能エネルギーと呼んでいる．再エネは renewable energy の訳語であり，国際的に通用するが，似たような用語に新エネルギーと自然エネルギーがある．

　新エネルギーとは，新エネ法で定義された主として日本政府の独自の用語である．非化石エネルギーのうち「経済性の面における制約から普及が十分でないもの」(同法2条)が，これに該当する．ほぼ再エネと一致するが，このうち大規模水力と地熱は以前から開発されてきた経緯があるため，これら以外を対象として特に振興しようとしており，新たに取り組む再エネということで新エネルギーと呼ばれる．しかし new energy と英訳すると，ただ単に新しいエネルギー全てが対象となり，国際的に通じないことに注意が必要である．

　自然エネルギーは，さらに再エネと同義といってよい．水力や地熱も含め，日々の自然現象に由来するあらゆる再エネを指す．言葉のイメージとして想像しやすく親近感もわきやすいためか，日本では自然エネルギーという用語が一定程度広がったが，英語で natural energy とは言わないことに留意が必要である．再エネは，固定価格買取制度を定めた再エネ特措法で定義されている用語だが，自然エネルギーは法律用語ではない．

　これら以外に，海外を中心に Clean Energy：クリーンエネルギーあるいは Green Energy：グリーンエネルギーといった用語が使われることもあるが，定義は様々である．Clean Energy と呼ぶ場合には，大気汚染物質を排出しない，あるいは排出量が少ない点に重きを置かれていることが多く，原子力や天然ガス，省エネまで含むことが多い．Green Energy は，日本の自然エネルギーとほぼ同義で使われることが多い．

　さらに2002年には，電気事業者による新エネルギー等の利用に関する特別措置法が施行され，いわゆる RPS(Renewable Portfolio Standard)制度が始まった[4]．しかし，導入率の目標値が低かったこともあり，その成果は限定的であり，福島原発事故後に電気事業者による再生可能エネルギー電気の調達に関する特別措置法(以下，再エネ特措法)が制定され，RPS 制度は2012年に固定価格買取制度に置き換わった(第11章第1節)．

最後に省エネについては，1979年に施行されたエネルギーの使用の合理化に関する法律(以下，省エネ法)に遡ることができる．一定規模以上の工場や事業所，輸送業者に対して，エネルギー使用量の把握や使用状況の届け出，エネルギー管理統括者の選任，中長期計画書と定期報告書の提出などを義務付けている．

　このように，エネルギー源や関係業界ごとに法律を有し，その下に省令や規則なども備えて，エネルギー政策分野の法体系が構成されている．

第5節　エネルギー対策特別会計

特定財源と特別会計
　政策には予算の裏付けが必要であり，予算は歳入と歳出から成る．通常の歳入は，法人税や所得税といった一般財源に基づいて一般会計を通して得られる．自衛隊の活動にかかる費用を一々「防衛税」で賄ったりしないが，これは安全保障が純粋公共財だからと説明できる．

　これに対して特定財源は，使途を限定して徴収される目的税などによって集められ，通常は特別会計において処理される．一般財源による一般会計が財政の原則であるが，特定の事業や特定の資金を運用する場合などには，例外的に特別会計として区分経理を行うことにより，受益と負担の関係を明確化すべきとされている．

　エネルギー政策の分野には特定財源が少なくない．特定財源は，エネルギー分野の特定の供給・消費活動から税収を集め，特定の目的のために支出される．例えば，電源開発促進税や石油石炭税といった目的税の税収は，（一旦一般会計に集められた上で）資源エネルギー庁が所管するエネルギー特会に配分され，電源立地対策や燃料安定供給対策といったエネルギー政策のために使われる．

　輸送用燃料に課税され，交通インフラ整備に使われる目的税もある．揮発油税（ガソリン税）や航空機燃料税などの税収は，国土交通省が所管する社会資本整備事業特別会計に集められ，道路整備や空港整備の財源として使われてきた．同特別会計は，行政改革の一環として2013年度末に廃止され，一般財源化された．

エネルギー需給勘定,電源開発促進勘定

歴史的な経緯からエネルギー特会は,石油石炭税と電源開発促進税の2つの特定財源と,エネルギー需給,電源開発促進,原子力損害賠償支援の3つの勘定に分けることができる(図4-3).その税収は,エネルギー政策の重要な財源となると同時に,それ自体が政策的効果を持つ政策手段でもある.使途の詳細については,表4-1も参照されたい.

第1にエネルギー需給勘定は,原油輸入自由化後の炭鉱業を支援するために1967年に設置された,石炭対策特別会計に端を発する.1972年に石油対策を追加するなどして,石油及びエネルギー需給構造高度化対策特会として運用されてきたが,行政改革の一環として2007年に後述の電源開発促進対策特別会計(電源特会)と統合され,エネルギー特会となった.この内エネルギー需給勘定は,化石エネルギーの開発のための権益確保や国際エネルギー協力,生産・流通体制の合理化,石油備蓄体制の強化,再エネや省エネの促進,関連する実証実験などに使われている.

第2に電源開発促進勘定は,石油危機後の電源立地を促進するために1974年に設置された,電源特会に端を発する.1980年には石油代替エネルギーなど電源多様化対策を,福島原発事故後には原子力安全規制対策を使途に追加した.電源開発促進勘定は,原発などの立地地域への交付金,原子力政策などに

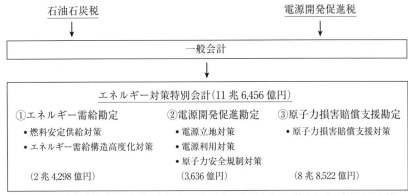

図4-3 エネルギー対策特別会計の仕組み

関する広報，核燃料サイクルの確立，福島県を中心とした環境放射線モニタリング，地方自治体が行う原子力防災対策の支援などに使われている．

第3に原子力損害賠償支援勘定は，原子力損害賠償支援資金の供与に関連して2011年に設置された．福島原発事故後に原子力損害賠償支援機構が設置され，交付国債の交付・償還を通じて東京電力を財政的に支援することになった（第12章第3節）．これと関連して，同機構が保有する交付国債の償還に係る費用の財源として，原子力損害賠償支援勘定の証券や借入金収入が充てられており，特に金額が膨らんでいる．

第6節　エネルギー関連税制

石油石炭税

エネルギー需給勘定の主要な財源となっているのが[5]，石油石炭税である．石油石炭税法に基づき，原油や天然ガス，石炭などに課され，輸入業者などが支払う．1978年に創設された石油税に遡ることができ，2003年に石油石炭税となった．2016年度予算における税収は6,880億円に達する（表4-3）．

2016年4月1日時点で，原油及び輸入石油製品に対して2,800円/kℓ，天然ガスに対して1,860円/トン，石炭に対して1,370円/トンの賦課となっている．2012年からは，地球温暖化対策税分が増税され，二酸化炭素排出量に応じて税額（289円/CO_2トン，2016年4月時点）が上乗せされており，上記金額に含まれ

表4-3　主なエネルギー関連の税収（2016年度政府予算）

税目	課税対象	税率	税収（2016年度）
石油石炭税	原油，輸入石油製品 ガス状単価水素 石炭等	2,800円/kℓ 1,860円/トン 1,370円/トン	6,880億円
電源開発促進税	販売電力	0.375円/kWh	3,200億円
揮発油税	ガソリン	48,600円/kℓ	2兆3,860億円
地方揮発油税	ガソリン	5,200円/kℓ	2,553億円
石油ガス税	自動車用石油ガス	17.5円/kg	180億円
航空機燃料税	航空機燃料	18,000円/kℓ	669億円

出所：財務省主税局「平成28年度　租税及び印紙収入予算の説明」（2016年1月）．税率については，国税庁ウェブサイト「揮発油税等の概要」．

ている．これは炭素税の一種と考えられるが，税率が極めて小さいため，気候変動対策としての効果は限定的である．

電源開発促進税

電源開発促進勘定の主要な財源となっているのが，1974年に導入された電源開発促進税である．電源開発促進税法に基づき，原発，水力発電，地熱発電などの「設置の促進及び運転の円滑化を図る」「ための措置に要する費用に充てるため」(同法1条)，販売電力に0.375円/kWh(電気料金の約2%)の税金を課している．2016年度予算における税収は3,200億円に達する．

電源開発促進税を含む電源三法の仕組みは，石油危機を経て当時の田中角栄総理が主導したと言われており，その後の原発の開発に大きな役割を果たした[6]．2006年度までは前述の電源特会に直入され，立地対策や研究開発に利用されてきた．行政改革の一環として2007年度からはエネルギー特会に統合され，税収を一般会計に入れてから必要額を特別会計に繰り入れる仕組みに変更された．

〈主要参考文献〉

序章において，エネルギー政策論の体系的な教科書は本書が初めてだと言ったが，エネルギー分野の包括的な書籍は以下の通りである．馬奈木(2014)は，経済・技術分野からエネルギー分野の論点を包括的に扱っている．大山(2002)は，行政学・政策論的立場から原子力政策を中心に分析している．

- 馬奈木俊介編著(2014)『エネルギー経済学』中央経済社.
- 大山耕輔(2002)『エネルギー・ガバナンスの行政学』慶應義塾大学出版会.

---

1) 例えば長野県は，2013年2月に「長野県環境エネルギー戦略〜第三次長野県地球温暖化防止県民計画〜」を策定した．
2) 例えば，サウジアラビアのサウジアラムコ．
3) 排出量取引とは，企業などに温室効果ガスの排出量の上限を設定し，排出量の削減を義務付けるとともに，排出枠の取引を認める制度である．この結果，企業ごとの削減に向けた取り組みに柔軟性を持たせるとともに，経済効率的なものから選択されるよう促す効果がある．欧州では2005年から導入されているが，日本では東

京都など一部の自治体に止まっている．
4) RPS 制度とは，電気事業者に一定割合の再エネによる電力の利用を義務付ける制度．電気事業者は自ら小売する電力に対して，その割合を上回る量の再エネ電力を，自ら発電するか他社から調達しなければならない．固定価格買取制度は，政府が価格を決めることで普及を促すのに対して，RPS 制度は，政府が量(導入率)を決めることで普及を促す．アメリカでは，固定価格買取制度ではなく RPS 制度が多くの州で導入された(第 7 章第 1 節)．
5) エネルギー需給勘定の歳入としては，石油石炭税収以上に，国家備蓄の財源に充てる石油証券並びに借入金収入が大きい．
6) 大島(2013：54-56)によれば，1974 年度から 2010 年度までの電源特会の予算のおよそ 3 分の 2 が，1970 年度から 2010 年度までの一般会計のエネルギー関係予算の 97% が，原子力関係とされている．

第5章
エネルギー政策の過程と主体

　第4章では，エネルギー分野の様々な政策や施策を整理・分類してきた．いわば，政策そのものの中身(What：政策内容)を議論してきた．と同時にこれら政策は，日々の政策実務のプロセスを通して立案され，実施されていく．当初は特定の目的を持つ政策でも，その作られ方(How：政策過程)によって最終的な目的が変わってくることもある．したがって，その過程を分析することもエネルギー政策論の目指すところである．

　本章では，引き続き公共政策論の理論を前提にして，エネルギーを巡る政策過程の特徴や主体，意思決定のあり方を整理する．政策過程を具体的に取り上げた事例は第Ⅳ部で議論するものの，その前提として，本章を通して政策過程分析に必要とされる知識を得ることを目指す．

第1節　政策過程のサイクルと政策形成

政策サイクル
　エネルギー分野に限らず，一般に政策過程は5つの段階から成る循環過程(政策サイクル)として捉えることができる．それらは，①課題設定，②政策立案，③政策決定，④政策実施，⑤政策評価である(図5-1)．①から③までを合わせて政策形成過程と呼ぶこともある．各段階に応じて，鍵を握る主体も異なる．政策過程を分析する際には，各段階の特徴を理解した上で，どの段階の話をするのかに留意することが重要である．

課題設定
　その出発点となる第1段階は，課題設定(アジェンダ・セッティング)である．

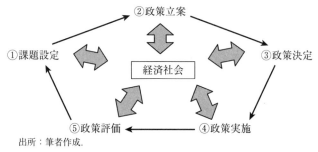

図5-1　政策過程のサイクルの概念図

　公共的な課題は社会に無数にあるのであり，その時点の全ての課題に政策が対応できているわけではない．政府には財源も人的資源も限りがあるため，優先順位をつけて対応せざるを得ないからである．そのため，例えば水素社会のあり方を検討するのか，炭素税の導入の可否を議論の俎上に乗せるのか，都市ガスの自由化の議論を審議会で扱うのか，このようなそもそもの判断によって政策が出発点に立つかどうかが決まる．

　現実の課題設定のあり方は多様であり，様々な主体が複雑に交錯する．当選した首長がマニフェストに則って政策を大々的に打ち上げる場合，個別分野を担当する官僚が継続的な問題意識から省内で施策を提案した結果，ボトムアップ式に取り上げられる場合，「保育園落ちた日本死ね!!!」というブログが話題になったように，マスメディアの報道などによって社会的争点化され，政治側も取り上げざるを得なくなった場合など，必ずしも全てが予定調和的に決まるわけではない．この過程では，争点化させまいとする圧力も働くため，課題として設定しない結果に落ち着くことも珍しくない．

政策立案

　一旦課題設定がなされると，第2段階である政策の具体策の立案に移る．上記の政策課題に対して，技術的側面や法的側面，財政的側面を考慮して，解決手段を策定することになる．法案や計画の案，予算案などがその具体例である．この段階において詳細をどう設計するかで，政策の実体は概ね決まる．

　政策案は行政活動の案であるから，この立案主体は政策の専門家集団として

の官僚制であることが基本となる．とはいえその過程では，いわゆる審議会が重要な役割を果たすことが多く，また業界団体は公式・非公式に意見を表明し，政治的圧力がかかることもある．官僚制は根回しなどを行いできる限り予定調和的に進めようとするものの，総理官邸や担当大臣がトップダウンで指導力を発揮しようとすることもあり，全てが思い通りに進むわけではない．

政策決定

　政策案が具体化されれば，いよいよそれを確定させる段階に入る．政府としての公的な意思決定ということであり，閣議決定の場合もあれば，国会における法案可決や予算案承認という場合もある．この段階で政策形成は大きな区切りを迎えるため，様々な主体がそれに影響力を及ぼそうとする．

　例えば国会で法案が修正されたり，付帯決議が付いたり，閣議決定の文書が骨抜きにされたりすることもある．政策立案段階と比べれば，比較的ハイレベルの政治的闘争がなされることが多く，総理を含めた閣僚，与党幹部，官僚幹部などが主役となる．この類型については，本章第5節で詳述する．

第2節　政策の実施，評価，継続と革新

政策実施

　第4段階は，政策の実施である．一般に権力争いといった様相が強い政策形成過程が注目されがちであるが，政策の経済社会への実際の影響という観点からすれば，実施のあり方は重要である．例えばどの研究開発案件にいくらの額の補助金を支給するか，個別の原子炉の安全性をどのように審査するかといった現場レベルの判断こそが，国民に直接的な影響を与える．

　実施段階の主役こそ官僚制であるが，この段階では様々な裁量が案件ごとに働くことが多い．もちろん官僚制は，法令や規則に従わなければならないが，それらに規定されている基準などをどう適用するか，どう解釈するかの具体的な判断は，一定程度現場に任されることになる．このような現場の官僚は「ストリートレベルの官僚制」などと呼ばれ，政策形成段階の官僚とは異なることが多い[1]．このような中で，「規制の虜」といったことも起こりうるのである

（第12章第4節）．

　また実施段階では，国から地方自治体に委ねられる割合が大きくなることにも留意が必要である．公共サービスの提供対象は全国各地の最前線の現場にあるからであり，社会保障や警察，教育といった政策分野はその典型例である．

　これら一般的な傾向に対してエネルギー政策は，概して国家政府の所管の範囲内にあることが多かった．省エネ対策などを除けば，地方自治体の役割は小さかったということである．今後の地方自治体の役割については，エネルギー転換と関連付けて第11章第6節で取り上げる．

政策評価

　政策過程の最終段階は，政策評価である．政策立案段階でも環境アセスメントといった事前評価が求められるが，実施後の評価によってその施策や事業の有効性を確認し，政策の改善につなげることができる．一般にその基準としては，必要性，有効性，効率性，公平性，協働性などが挙げられる．例えば，1兆円以上の国家予算を投入してきた高速増殖炉原型炉もんじゅの研究開発の成果をどう評価するか，再エネの固定価格買取制度の賦課金の負担が年間1.8兆円に及んでいる（第11章）ことをどう考えるか，石油の国家備蓄が十分に経済効率的に行われているかは，「政府の失敗」を防ぐためにも重要な論点だろう．

　2001年に行政機関が行う政策の評価に関する法律が制定されたことを受けて，現在では各省庁で継続的に政策評価を行うことが義務付けられている．しかしながら，膨大なコストをかけている割には，その結果が有効に活用されていないといった批判は根強い．政府内部の評価以外に，会計検査院や国会による評価，外部のシンクタンクやマスメディアによる評価もある．2011年に「政府の失敗」が露わになったエネルギー政策分野でも，適切な政策評価が求められていることは間違いないだろう．

政策の継続と革新

　政策サイクルが一周し，政策評価が終われば，原則として第1段階の課題設定に戻る．その政策が十分な成果を上げ，課題が解決されれば，理屈上は政策は廃止されることになる．しかし現実には，短期間で解決されないことが多く，

そのまま継続されたり，改善や修正の上で継続されたりすることが多い．一度政策が開始されると，それによって便益を受ける主体は継続を強く望むため，そもそも政策を廃止しにくいという事情もある．官僚制には前例踏襲主義やインクリメンタリズム(漸増主義)という特徴もある．こうして政策サイクルは周り続けるのである．

したがって，大きな政策を完全に廃止したり，方向転換したり，全く新たな政策を立ち上げたりすることは，一般に既得権層からの反対が強くなりがちで，大きな政治的コストがかかるため，容易ではない．そのような政策革新(ポリシー・イノベーション)を実現するには，官僚制を中心として積み上げで提案するのには限度があり，政治的指導力の発揮が期待される．政策革新は社会的注目を集めやすく，政治指導者が好んで打ち上げることが珍しくないが，反対も強くなりがちであるため，実現できるかは別問題である．

政策革新の背景

それでも政策革新あるいは政策転換が起きる場合に，どのような背景が挙げられるだろうか．第1に，様々な環境変化により市場や社会の状況が大きく変わり，既存の政策が時代に即さなくなった場合である．例えば，高度経済成長の終焉により財政の拡大が期待できなくなる，あるいはインターネットのような技術革新によりビジネスモデルの変革が生じる，人口動態の変化により社会構造が大きく変わるといったことが考えられる．冷戦の終焉といった国際関係の構造変化も挙げられるだろう．マクロ的な変化は徐々に進むことが多いが，いずれかの時点で閾値を超えることにより，政策の機能不全が顕在化することもある．

第2に，第1とは対照的に，突発的な事件などにより政策環境が大きく変容し，国民の改革要求が高まる場合である．石油危機を受けて省エネが大幅に進められた，福島原発事故によりエネルギー政策が大きな転換を迫られていることは，その代表例であろう．このような事件が，第1のマクロ的な環境変化の閾値を超える要因となることもある．

第3に，政権交代などにより政治主体が大きく変わった場合である．総理や大統領，政権与党といった政治的意思決定者が新しくなれば，政策は大きく変

わりやすい．それは有権者の意思とも言えるし，新たな政治的リーダーが独自性を発揮しようと積極的になることもある．民主党政権時代には，上手くいかなかった例が多いものの，自民党政権時代の政策を否定し，様々な政策が新たに試みられた．政権交代が起きやすい政治制度を作ろうということが，1990年代の日本の選挙制度改革論議の大きな動機であった．

　第4に，新たな政策アイディアが波及する場合である．例えばイギリスやアメリカで新自由主義といった政治的イデオロギーが支配的になり，それが日本でも知れ渡るようになり，時の政権が規制改革を唱導するようになることは，よくある．同じことが，国から自治体へ，あるいは自治体間で起こることもある．

　このように大きく4つの背景要因を挙げたが，実際には複数が重なることが多い．技術革新によりシェールガスを開発できるようになるとともに，環境問題に前向きなオバマ大統領だったから，アメリカは気候変動対策に積極的になった（第8章第5節），原発の過酷事故により政策環境や国民の意識が大きく変化するとともに，過去の政策に縛られにくい民主党政権だったから，ドイツ流のエネルギー転換政策を短期間で模倣しようとした（第12章第6節）といった具合にである．

第3節　エネルギー政策過程の主体

内閣による意思決定

　エネルギー政策についても，概ね上記のような過程を経て立案され，決定され，何らかの成果を上げて，見直されたり継続されたりする．この経緯を分析するには，その過程に関係する主体とその相互作用に注目することが重要である．日本は議院内閣制を採用しており，その政策過程における最重要の主体は，内閣総理大臣を中心とした内閣，行政官僚制，そして国会議員から成る立法府の3つであろう．

　第1に行政の最終的な意思決定は内閣が，エネルギー政策については経済産業大臣が行う．とは言え実態としては，エネルギー政策は専門性が高いこともあり，長らく資源エネルギー庁の官僚が主導して立案し，せいぜい経済産業大

臣までのラインで多くの意思決定が処理されてきた．石油危機などの特別な事例を除けば，政治的課題になることが少なかった．しかし近年のエネルギー政策の重要性の高まりに応じて，総理官邸が関与することも多くなっている．

官僚制と立法府

　第2に官僚制は，行政組織の実体であり，質量ともに日本最大の政策集団である．議院内閣制の日本において，現実に多くの政策を立案するのは官僚制である．エネルギー政策については，経済産業省資源エネルギー庁が中心的な政策主体であり，これについては次節で詳細に説明する．

　資源エネルギー庁以外に，気候変動政策について環境省地球環境局，原子力規制について環境省の傘下の独立行政委員会である原子力規制委員会及びその事務局としての原子力規制庁，原子力の研究開発について文部科学省研究開発局(旧科学技術庁)などを挙げることができる．さらに近年では，再エネの普及に応じて，農林水産省や総務省(旧自治省)，あるいは地方自治体が関わることも増えているが，これについては第11章第5節で改めて触れたい．

　資源エネルギー庁を中心とした官僚制がエネルギー政策を実質的に取り仕切るとしても，その形成過程では立法府が関与する．法律を制定する場合には，当然立法府の議を経なければならない．国会においてエネルギー政策の詳細の審議を行うのは，経済産業委員会である．国会での議論ももちろん重要であるが，いわゆる自由民主党(自民党)一党支配の時代には，法案の事前審査制の下，与党の政調部会を通すことが重要であり，族議員が重要な役割を果たしてきた(本章第5節)．

利益集団

　これら3つの公的な主体の背後にいるのが，利益集団である．利益集団は，特定利益の実現のために組織され，政と官の双方に対して，陳情や政策提言といったロビー活動を行う．産業分野に応じて組織される業界団体や日本経団連といった経済団体，労働団体や消費者団体などがある．

　エネルギー業界には，石油連盟，電気事業連合会，日本ガス協会といった，日本の経済界を代表する有力な業界団体が存在する．また気候変動問題などに

ついては，NGO（非政府組織）やNPOの影響力も見逃せない．これら多様な主体が資源エネルギー庁や族議員などに働きかける中で，エネルギー政策が形成されていく．

有識者と審議会

大学教授や民間のエコノミスト，企業経営者といった有識者は，審議会などを通して重要な役割を果たす．省庁の審議会は，専門性を注入するとともに中立性を確保する政策形成の主要な舞台である．またその委員には，中立的立場の専門家以外に，業界団体の幹部，さらに消費者団体やNPOの代表者が選ばれることも多い．このような場合には，審議会が利害調整の機能も持つことになる．形式的には，審議会は委員による合議制で自律的に運営されるべきものだが，現実には省庁の事務局が事前に結論を想定し，関係資料を用意し，予定調和的に運営されることが多い．

エネルギー分野では，経済産業省に総合資源エネルギー調査会という審議会が，経済産業省設置法に基づいて設置されている．総合資源エネルギー調査会には，省エネルギー・新エネルギー分科会，資源・燃料分科会，電力・ガス事業分科会といった分科会が置かれている．さらにその傘下に多数の小委員会やワーキンググループなどが開催され，より専門的な議論を行っている．近年では，これらの審議会は公開され，議事録や関係資料が省庁のウェブサイト上に公表されることが多い．これらは，政策分析において重要な資料になる．

エネルギー分野の政策過程については，その技術的専門性や法定独占などの特徴から，閉鎖的であったとの批判がある．特に「国策民営」と呼ばれた原子力分野では，「原子力村」と揶揄されるような政策コミュニティが形成され，一部の「御用学者」[2]と業界関係者が，所管省庁と談合する中で実質的に意思決定がなされてきたとの指摘が根強い[3]．福島原発事故の以前には，電力関係の審議会の委員に電力会社の幹部が，ガス関係の審議会の委員にガス会社の幹部が就くことも珍しくなかった．これは，利害調整や合意形成という意味では効率的かもしれないが，公平中立な立場からの議論という観点から問題があるとして，福島原発事故後には原則として控えられている．

外国政府

　グローバル化が進んだ現代においては，多くの政策は少なからず国際関係や外国政府の影響を受けざるを得ない．そのため外国政府も，公式・非公式のルートを通じて日本政府や与党などに働きかけを行うのであり，政策過程における重要な主体の1つである．

　特にエネルギー分野では，化石エネルギーが国際的に取引される必需性の高い財であるため，国際関係の影響を強く受ける．例えば，中東の政治情勢に対して，日本政府はエネルギー安全保障の観点から注視せざるを得ないし，また原発輸出に際しては，相手国と原子力協定を結ぶ必要があるとともに，核不拡散に敏感な同盟国であるアメリカの意向にも配慮しなければならない．第8章や第10章で見るように，エネルギー政策を分析する際に外国政府や国際機関は欠かせない主体となる．

マスメディアと国民

　マスメディアも政策過程の重要な主体である．新聞やテレビは，特定少数から不特定多数（マス：大衆）に発信できる情報通信手段であり，「第4の権力」などとも呼ばれ，世論形成に大きな影響力を持つ．マスメディアが，気候変動枠組み条約のパリ協定や原発事故をどう報道するかによって，政策のあり方は大きな影響を受ける．経済産業省にはエネルギー記者クラブがあり，主要マスメディアがそのメンバーとなっている．

　最終的に政策は一般国民に及ぶ．主権者たる国民も政策過程の重要な主体の1つであり，形成過程にも関与する．しかし，一般に組織化されていないため，その声が政策に直接的な影響を及ぼすことは多くはない．まれに国民の声がデモや反対運動などを通して拡張されたり，あるいは近年では情報通信技術（IT）の普及により，SNSなどを通して個人の声が直接的な訴えとなったりして，政策過程に反映されることがある．福島原発事故後の国会デモはその事例と言えるだろう．

　近年は，パブリックコメントや情報公開制度など，一般国民でも政策に関与する環境が整備されつつある．とはいえ，その程度や効用は限定的である．国民の声をどう汲み上げ，いかに民主的なエネルギー政策を策定するかが，第

12章の論点の1つになる.

第4節　資源エネルギー庁とその組織編制

経済産業省の外局としての資源エネルギー庁

これまで紹介してきたエネルギー政策や施策の多くを所管するのが，経済産業省資源エネルギー庁である[4].　エネルギー政策を理解するには，所管省庁である資源エネルギー庁についての理解が欠かせない.

　資源エネルギー庁は，経済産業省の外局としての庁である[5].　霞が関の省庁の内部組織の最大単位は局だが，外局としての庁は局と同等以上の単位の組織であり，局よりもやや独立性が高いと言えるだろう.　とはいえ経済産業省の組織の1つであるから，エネルギー政策の意思決定権者はあくまで経済産業大臣である.　そしてその職員の配置は，経済産業省全体としての人事ローテーションの中に位置付けられており，本省と一体的に管理されていると言える.

　一般に行政組織はそれが所管する政策別に編制されている.　資源エネルギー庁は，長官官房という経営管理的組織以外に，資源・燃料部，電力・ガス事業部，省エネルギー・新エネルギー部という3つの部から成る(図5-2).

資源・燃料部

　第1に，資源・燃料部である.　資源・燃料部は，化石エネルギーや鉱物資源の主として海外からの安定的な供給の確保を担う.　エネルギー源別に，石油・天然ガス課，石炭課などがある.　その対象は，資源開発を担当する石油元売り会社，商社，国内各地のLPガス販売会社などである.

　以前は，石油(開発)公団が石油などの開発に深く関与し，また石油の国家備蓄を行うなど，政府による直接供給的な手段の側面が大きかった.　しかし，特殊法人改革により石油公団が独立行政法人(JOGMEC：石油天然ガス・金属鉱物資源機構)化されるなどした結果，近年では産業振興的な側面が大きくなっている.　それでも産油国との資源外交的な役割は維持されている.

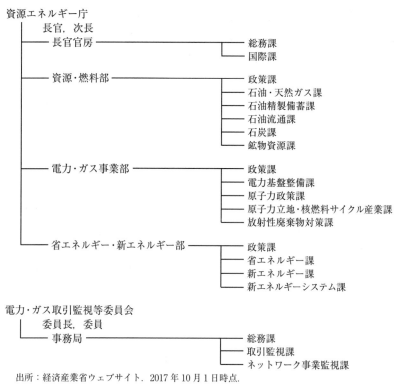

出所：経済産業省ウェブサイト．2017年10月1日時点．

図5-2　資源エネルギー庁の組織編制

電力・ガス事業部

　第2に，電力・ガス事業部である．原発を含む電気事業とガス事業という，2つの代表的な公益エネルギー事業の振興を担当する部署である．電力基盤整備課，原子力政策課，原子力立地・核燃料サイクル産業課などから成る．

　以前は，同部の中に電力市場整備課やガス市場整備課といった，公益事業に対する規制当局が置かれていた．しかし自由化政策の流れを受けて，2015年9月に独立性の高い規制機関として，電力・ガス取引監視等委員会[6]が経済産業大臣直属に設置され，これら規制担当課は同委員会事務局に移された(図5-2)．

　電力・ガス取引監視等委員会も電力・ガス事業部も，ともに政策対象は電力会社やガス会社であり，前者が日常的な規制監督業務を専管する一方で，後者

第5章　エネルギー政策の過程と主体　　107

は長期的な政策企画や産業振興的な業務を担っている．原子力エネルギーが電力・ガス事業部の所管に位置付けられているのは，そこから作られるものが電力に限定され，電力会社がその主体であるからであろう．

省エネルギー・新エネルギー部

第3に，省エネルギー・新エネルギー部である．その名の通り，省エネと新エネルギーという2つを拡大・促進する役割を担う．新エネルギー課，省エネルギー課などから成る．ともに，石油危機以降に本格的な対策が始まった，比較的新しい政策を担当する．

新エネルギー，すなわち再エネは(コラム7)，後述する固定価格買取制度などにより，近年急速な導入が始まっているが，歴史的には技術開発などの側面から政府が関連メーカーを支援してきた．省エネについては，その政策対象は消費者や消費企業になる．省エネ法に基づいて大企業などに省エネを義務付けるとともに，それに寄与する設備への補助金を供与してきた．

旧原子力安全・保安院

なお，資源エネルギー庁直下の3部とは別に，2012年まで原子力安全・保安院が，資源エネルギー庁の特別の機関として置かれていた．これは原子力発電所の安全規制を司る部署であり，院長・次長以下，原子力安全広報課，原子力安全技術基盤課，原子力発電安全審査課，核燃料サイクル規制課，放射性廃棄物規制課など，原子力規制関連の10近い課が置かれていた[7]．しかし，資源エネルギー庁の下で，産業振興部署(電力・ガス事業部の原子力政策課など)と同居していることで利益相反が生じることが問題視され，福島原発事故後に経済産業省から分離され，環境省傘下の独立行政委員会である原子力規制委員会が新設された．これについては，第12章で改めて触れる．

第5節　エネルギー政策形成過程の特徴と類型

官僚優位論

第3節，4節とエネルギー政策分野の主体の説明をしてきたが，これらの相

互作用の結果として政策は立案され，決定される．政策形成過程の分析の際には，どの主体がどのような役割を果たしたのか，意思決定を主導したのかといった，役割分担と主導性の内容に焦点が当たる．この政策形成のあり方について，いくつかの理論的な類型化が可能である．

第1に，官僚優位論である．特に日本の政策過程全般において，戦後長らく霞が関の官僚制が，その専門性や自律性，組織力をもとに，立案から利害調整まで主要な役割を果たしているとの解釈が通説であった[8]．最終的・公式的な意思決定は内閣や大臣が行うにしても，それは表面的・形式的であり，多くのお膳立てを官僚制が仕切ってきたというのである．その中でもエネルギー分野は技術的な専門性が高く，法定独占の下で閉鎖的な業界が多かったため，特にその傾向が強かったと考えられる．

政党優位論

第2に，1980年頃から官僚優位論に対するアンチテーゼとなってきたのが，政党優位論である[9]．戦後のいわゆる自民党一党支配が長期化する中で，各政策分野の専門家である族議員が勢力を拡大し，法案の与党事前審査制といった制度化がなされた結果，官僚制にとっては国会よりもむしろ与党の政務調査会やその下の部会を通すことが，政策形成上不可欠になってきた．引き続き官僚制が技術的な政策立案業務を担っているとしても，その利害調整を経た意思決定には与党の有力政治家が大きく関与し，あるいは官僚制はその意向を予め忖度して政策を立案すると説明された．

エネルギー分野にも一定の族議員が存在し，現在でもエネルギーに関連した名を冠する部会[10]などを舞台に積極的に活動している．特にエネルギー分野では業界団体が強力であるため，これらは族議員に働きかけ，規制権限を握っている資源エネルギー庁に対抗しようともした．

官邸主導論

第3に近年の動向として，官邸主導論を挙げることができる．1990年代に入ると冷戦の崩壊や日本経済の長期停滞など内外の大きな環境変化を受けて，内閣機能強化あるいは官邸機能強化が叫ばれるようになった．いわゆる橋本行

革を経て[11]，各省庁の上に立って総理が指導力を発揮できる制度環境が整った．その具体的成果として，小泉純一郎内閣時代の郵政民営化や官邸主導の北朝鮮外交などを挙げることができる．

エネルギー分野では，2000年代に入ってもこのような傾向は必ずしも顕在化していなかった．しかし2011年の福島原発事故以降は，エネルギー問題の重要性が高まった結果，総理官邸が大きく関わるようになったと考えられる．

鉄の三角形論，多元主義論

官僚，与党，官邸といった主体が政策形成の中心を担う一方で，それらや他の利益集団との相互関係をどう見るかという視点も重要である．これに関する理論として，第1に，「鉄の三角形」論を挙げることができる．ここでいう三角形とは，政・官・財を指す．与党政治家・族議員と官僚制，経済界・業界団体が，一枚岩で固く結びついており，閉鎖的な形で重要な政策決定の多くを左右する状況を指す．高度経済成長期までの中央集権的で現状維持的な日本経済の運営に対して，内外の学者からこのような説明がなされた[12]．

第2に，多元主義論である．実際の政策過程には，消費者団体やマスメディアを含めたより多様な主体が参画するのであり，鉄の三角形論のように，包括的な意思決定者が常に存在しているわけではない．その政策分野や時代状況に応じて多様な駆け引きがなされ，その場その場で意思決定がなされていくという考え方である．このような多元主義論的な見方は，元々競争的で分散的なアメリカ政治について一般的だったが，上記の政党優位論と結びついて1970年代以降の日本政治を説明する際に応用され，特に政策分野ごとの割拠性が強調された[13]．

エネルギー政策分野についていえば，繰り返し述べてきた通り，資源エネルギー庁，関係族議員，関係業界団体といった比較的限られた関係者の間で，閉じられた空間において意思決定がなされてきた．したがって，鉄の三角形に近いものが成立してきたと言ってよいだろう．それが，閉鎖的な「原子力村」といった批判にもつながっていた．したがって，このような政策形成過程の透明性を高め，NPOや消費者などを含めた社会的合意形成の手続きを整備することは，エネルギー政策分野の重要な課題の1つである．

国と地方自治体の関係

　最後に，国家政府と地方自治体との相互関係についても触れておきたい．一般論として，日本では国家政府の役割が地方自治体に比して大きく，他国と比べて中央集権的とみなされてきた．財源や権限，人材の観点からも国家政府に優位性があり，政策面では中央が決めたことを地方が実施するといった構図が強かった．それを支える制度として，国の事務を自治体が執行する機関委任事務制度[14]の存在が指摘されてきた．

　エネルギー政策分野では，このような一般的な中央・地方関係が，必ずしも当てはまらなかったと考えられる．それは，多くのエネルギーを海外からの輸入に依存し，また法定独占の分野が多かったため，エネルギー政策の多くを国家政府が専門的に所管してきたからである．エネルギー分野では，機関委任事務すらなく，ほぼ全ての事務を国が直接的に担ってきた．特に原子力発電は「国策民営」と呼ばれ，その典型であった．地方自治体が対等の立場からエネルギー政策に対して意見表明したり，独自の条例を制定して政策展開したりすることは，ほぼなかった．そのような中央・地方関係がどう変わるのか，変わらないのかが，第11章の論点になる．

〈主要参考文献〉

　第4・5章と，公共政策論の基礎理論を踏まえ，エネルギー政策へのアプローチ方法を整理してきた．その際に依拠した，公共政策やその分析手法に関する教科書は次の通りである．
- 秋吉貴雄・伊藤修一郎・北山俊哉(2015)『公共政策学の基礎　新版』有斐閣．
- 伊藤修一郎(2011)『政策リサーチ入門』東京大学出版会．

---

1)　リプスキー(1998)を参照のこと．
2)　「御用学者」とは，所管省庁の期待や振り付けに沿って審議会などで発言・行動してくれる大学教授などを揶揄する，行政学上の用語である．
3)　例えば福島原発事故後に原子力政策大綱を議論した原子力委員会の新大綱策定会議では，2012年春頃に原発推進派の関係者だけが集まる「秘密会議」が頻繁に開催され，新大綱策定会議の方向性を決めていたことが明らかになり，マスメディアなどから批判された．

4) 資源エネルギー庁は，1973年の通商産業省（当時）の組織改編を受けて発足した．それ以前にあった公益事業局と鉱山石炭局の合併によりできたのであり，石油危機以前には国内の炭鉱業が重要であったことが分かる．
5) 日本の国家行政組織には，大臣庁としての庁と府省の外局としての庁がある．旧環境庁は旧総理府に置かれた大臣庁であり，環境庁長官は閣僚であった．資源エネルギー庁は経済産業省の外局としての庁であり，資源エネルギー庁長官は事務次官級の一般職公務員である．
6) 設置当初は電力取引監視等委員会という名称であったが，2016年4月にガス事業関連の業務が追加され，電力・ガス取引監視等委員会に改称された．
7) 原子力関係部署のほか，ガス事業の安全や鉱山などの保安を担当している課も有していた．
8) 代表的な論者が，辻（1995）．
9) 代表的な論者が，村松（1981）．
10) 例えば2015年や2016年には，資源・エネルギー戦略調査会や，その傘下の放射性廃棄物に関する小委員会，地域の活性化に資する分散型エネルギー会議，電力全面自由化による地域の新規事業・新規雇用創出委員会などが，自民党において開催された．
11) 橋本龍太郎内閣において，自らが会長を務める行政改革会議が設置され，中央省庁の再編や内閣機能の強化を決定した．この結果，2001年1月から1府12省庁体制となり，内閣府が新設され，内閣官房が強化されるなど，総理や官邸が指導力を発揮しやすくなったと言われている．
12) Kaplan（1972）を参照のこと．
13) 例えば，佐藤・松崎（1986）を参照のこと．
14) 機関委任事務とは，法令に基づいて地方自治体に「国の機関」としての実施が委ねられている国の事務を指す．国が権限と財源を有するため，自治体は国の下請けの位置付けになり，独自性を発揮することが難しく，地方自治の精神に反すると批判されてきた．自治体の業務において大きな割合を占めてきたが，1999年の地方分権一括法の制定により廃止され，自治事務や法定受託事務に再編された．

第Ⅲ部：エネルギー政策総論

　第Ⅱ部を読み終えれば，エネルギー政策を理解し，考察するための基礎的な知識が一通り身についたと考えられる．いよいよ第Ⅲ部・Ⅳ部では，エネルギー政策を具体的に学んでいく．これまでにも政策の内容には適宜触れてきたが，理論を説明する際の具体例として断片的に紹介するに止まってきた．第Ⅲ部では，第Ⅱ部の理論を踏まえ，エネルギー政策の全体像を概観することを目指す．

　まず第6章では，日本を含む世界のエネルギー政策の歴史的変遷を整理する．石炭が支えた産業革命から始まり，脱炭素が叫ばれる現代に至る，エネルギー政策史を再現する．エネルギー問題が国境を超えて影響しあっていることを理解していただけるだろう．と同時にこのようなエネルギー問題のあり方は国によって大きく異なり，それに対応するエネルギー政策も異なる．第7章では，日本以外の主要5カ国を取り上げ，それぞれのエネルギー情勢と政策を整理する．なお，第Ⅲ部はあくまでエネルギー政策の概括的な整理であるため，ここで総論的に理解した上で，さらにテーマ別に第Ⅳ部で専門的に深めるという関係にあることに，留意されたい．

第6章
世界と日本のエネルギー政策の変遷

　エネルギーが産業革命以降に大規模に利用されるようになったように，エネルギー政策の歴史もそこから始まる．大まかに言えば，19世紀は石炭の時代であり，20世紀は石油の時代であった．化石エネルギーの奪い合いという側面もあった2つの世界大戦を経て，我が国も流体革命や石油危機を経験していった．そして今全世界が直面するのが気候変動問題であり，エネルギー問題はトリレンマとも呼ばれる難しい状況にある．これらの大きな流れと大まかな背景を理解することで，各エネルギー政策の妥当性や効果をより深く考えることができるようになるだろう．

第1節　イギリス発の産業革命と石炭

産業革命以前のエネルギー

　人類の発展の歴史はエネルギーの開発・利用とともにあったといっても過言ではない．近代以前から水車や風車が脱穀に，薪や炭が暖房や調理のための燃料として利用されてきた．これらは前近代的な再エネであり，人類の歴史の大半は再エネとともにあったと言うこともできよう．

　例えばローマ帝国の滅亡の一因として，過剰な森林伐採による森林資源(バイオマス)の枯渇が安田(1995)で指摘されている．古代ローマの全盛期には，浴場の維持や住宅のレンガ，建設に必要な石灰や銀の精錬のために，大量の薪が消費された．このため森林伐採がローマから周辺地域へも拡大し，土壌の劣化や穀物生産の低下を招き，帝国経営の打撃になったという．近代以前からエネルギー問題は存在したのである．

　とはいえ，それらが経済社会において果たす役割は，質的にも量的にも極め

て限定的であった．自然現象に全面的に依存しているため，川がある場所，風が吹く場所など利用形態が制約される上，供給量やエネルギー密度にも絶対的な制約があったからである．それほど自然環境は大きく，人類は小さかったと言えよう．

また，仮にこれらのエネルギーが大量に供給可能であったとしても，それらを必要とするだけの需要がなかったとも言える．大きな工場がなく，自動車も家電も一切発明されていない時代に必要とされるエネルギーの量は，たかがしれていた．経済活動には自給自足の部分が大きく，近代的なエネルギーを大量消費する必要がなかったのである．

蒸気機関と石炭の利用

このような人類と自然環境との関係を根底から変えたのは，産業革命であった．産業革命は18世紀後半のイギリスで起こり，技術革新などにより大規模な工業生産を可能にした．人類は初めて，自然環境を能動的かつ大規模に搾取する立場に立ったのである．

その初期段階において重要な役割を果たしたエネルギーが，石炭である．ジェームス・ワットらによる蒸気機関の発明により，人類は鉄道や船舶において大規模な動力を得られるようになったが，そのエネルギー源としての石炭がイギリスに大量に存在したことが，重要である．石炭は，燃料としての薪などと比べれば，高いエネルギー密度を誇っており，だからこそ可搬性に優れ，莫大な動力を提供できた．イギリスだけでなく，ドイツやアメリカ，日本にも大量の石炭が存在したことが，これら先進国の工業化に大きく寄与した．石炭（コークス）は製鉄にも利用され，鉄鋼業の大規模化に寄与した．

この18世紀から19世紀にかけての時代は，近代的な国家政府が形成される時期とも重なっていた．未だ政府の活動領域は小さかったのであり，イギリスでレッセフェールが追求されたように，政策的には市場介入をしないことが優先された．したがって，エネルギー政策と呼ばれるようなものはほぼ存在しない一方で，都市の環境悪化が起こり始めたのもこの頃からである．他方でドイツなどは，19世紀以降に遅れてきた近代国家として，軍備や経済力を政府主導で急速に整備しようとしていた．こうして，エネルギーに対する政策が幕を

開けることになったのである．

第2節　明治維新と富国強兵

日本におけるエネルギーの大量消費時代の幕開け

　明治維新により近代的国家体制が整備された19世紀後半の日本は，多様なエネルギーを大量消費する時代を迎えようとしていた．明治維新前の倒幕運動で蒸気船が活躍したことはよく知られており，そこでは石炭が使われた．また日本で初めて横浜においてガス灯が点灯されたのが1872年[1]，東京電力の前身である東京電燈が初めて火力発電所を建設し，家庭向けの配電を始めたのが1887年だった[2]．

　そのような時代の日本の最大の国家目標は，富国強兵であった．欧米列強に伍していくための軍備を持つためには，国内の経済活動を発展させて財政を豊かにする必要があり，殖産興業が進められた．このために政府主導で開発されたエネルギーが，国内の石炭である．九州の筑豊や三池，北海道の白糠や夕張などの炭田が開発され，当時は輸出も盛んに行われていた．1874年に21万トン（内，12万トンが輸出）だった石炭の生産量は，1883年に100万トン，1902年に1,000万トンに達した[3]．当時は，炭鉱を官営で開発し，後に民間の財閥に払い下げるといった手法が採られた．表4-2の分類に基づけば，「化石エネルギー」(石炭)に特化し，「産業振興」中心であったと言えよう．

第2次産業革命と石油の時代の到来

　他方，19世紀から20世紀にかけて，世界的には重化学工業が急速な発展を遂げ，第2次産業革命などと呼ばれるようになった．それとともに重要性を増したのが，石油である．固体の石炭に対して石油は液体であり，輸送や貯蔵に便利なため，自動車などの内燃機関の燃料として優れていた．

　石油の開発は19世紀のアメリカやメキシコ，ロシアなどで進められたが，石炭と比べれば地理的に偏在しており，当初は確認埋蔵量に限りがあるという制約があった．それでも1902年にはT型フォードが大量生産され，本格的なモータリゼーションを迎えようとしていた．また1903年にライト兄弟が有人

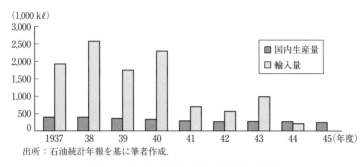

図6-1 日本の原油生産量と輸入量の推移

飛行を行い，第1次大戦では戦闘機が主力として使われるようになった．こうして20世紀は石油の時代になっていったのである．

第2次世界大戦と石油資源の獲得

これに対して国内に石油資源をほとんど持たなかった日本は，石油を求めて南方への進出を企て，第2次大戦へと突入していくことになる．1941年の日米開戦の背景の1つに，アメリカ政府による対日石油禁輸措置があったと言われている（図6-1）．石油という戦略的エネルギーの調達の可否，すなわちエネルギー安全保障が，国家の軍事的な安全保障を左右する事態に至ったのである．

第2次大戦は，日本に国家を挙げた総力戦を強いた．政府は民間企業に国家への同調を求め，多くの政策が戦争遂行に寄与するよう位置付けられ，エネルギー政策もその重要な柱となった．例えば電力分野では，明治時代以来多数の民間企業間の市場競争がベースになってきたが，戦争色が強まるにつれて国家による統制色が強いものに移行していった．1939年に国策の日本発送電が設立され，民間や公営の電力会社は発電所や送電網の現物出資を強いられた．しかし日本は戦争に負け，エネルギーのサプライチェーンも崩壊した．

第3節　日本の戦後復興と流体革命

傾斜生産方式と石炭

敗戦により経済社会基盤が根底から破壊されるとともに，軍国主義的な価値

観の修正を迫られた日本にとって，全国的な経済復興が新たな国家目標となった．ここでもエネルギーは大きな役割を期待された．連合国総司令部(GHQ)による占領下で貿易を全面的に管理される中，政府は国内にあった石炭を集中的に鉄鋼増産に使う傾斜生産方式を1946年に導入し，重工業中心の復興を進めた．このため，石炭業への物資や資金の集中的確保や炭鉱労働者の待遇改善などを講じたのである．

この結果，戦前の1941年には史上最大の5,647万トンを記録した石炭の産出量は，1945年には半分以下にまで落ち込んでいたが，1951年には4,650万トンまで回復するに至った[4]．こうして1950年代から60年代にかけて，日本は高度経済成長を迎えたのである．この頃のエネルギー政策は国内の石炭に軸足を置いていたため，「炭主油従」と呼ばれる．

流体革命の到来

他方，戦後の世界は石炭から石油へと急速に移行し，流体革命(エネルギー革命)を迎えようとしていた．1930年代以降，中東のバーレーン，クウェート，サウジアラビアなどで大規模油田が相次いで発見されたことにより，本格的な石油の時代が到来した．大量の石油が国際的に安価に供給されるようになったことで，ガソリンを燃料とする自動車が大衆化し，モータリゼーションが進んだ．

利便性の高い石油の価格が石炭より相対的に安くなる中で，日本のエネルギー政策も大きな転換期を迎えていた．政府は1962年に石油業法を制定して原油の輸入自由化を実施し，石炭から石油へと供給と消費の軸足を大きく移した．流体革命に対応して，「油主炭従」に政策転換したのである．その結果1962年には，石油が石炭を消費量で抜いた．また1967年には石油開発公団法を制定し，政府自ら中東などでの石油開発に乗り出すとともに，石油精製能力や石油生産計画を政府の監督下に置き，石油の安定供給の確保を図った．

他方，流体革命のあおりを食った石炭産業は，衰退の道を歩み始めることになった．政府は石炭産業の合理化を図るため，1955年に石炭鉱業合理化臨時措置法を制定した．それでも経営状態の悪化は止まらず，1961年にはさらに産炭地域振興臨時措置法を施行した．しかし，1959年に三井三池争議のスト

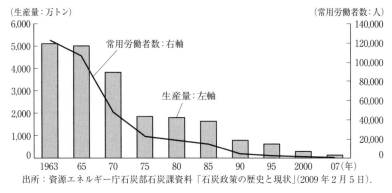

図6-2　国内炭の生産量と炭鉱労働者数

ライキが発生し，また1960年には夕張炭鉱でガス爆発が起きるなど，産炭地を巡る状況は苛烈を極めた．1961年から63年の間に223炭鉱が閉山になり，8万人が離職するなど，この頃から石炭産業は加速度的に衰退していった（図6-2）．

公害問題の発生

　と同時に1960年代は，高度経済成長の弊害としての公害問題が深刻化した時期でもあった．急速な重工業化は，廃棄物の不適切な処理という形で水俣病やイタイイタイ病を引き起こした．また石油化学コンビナートに起因する大気汚染により，四日市ぜんそくがもたらされた．金属資源やエネルギーを利用した経済活動が，大規模な負の外部性を生んだのである．

　これを受けて，政府は大気汚染防止法を制定するなど対応に追われた．4大公害病が極めて深刻な社会問題と化した結果，厚生省と通商産業省，農林水産省などの関連部局を統合し，1971年に大臣庁としての環境庁が設置された．

　ここまでの日本のエネルギー政策を3E＋Sの観点から評価すると，経済効率性に配慮しつつ，エネルギー安全保障の確保が主要な目的であったと言えよう．しかし公害問題の発生を受けて，エネルギーの大量消費だけでなく環境保護との両立を，したがって後に提唱される持続可能な発展を考えなければならない時代に入ったのである．

第4節　石油危機と原子力開発

中東発の石油危機

そのような中で1970年代に世界を襲ったのが，石油危機(オイルショック)である．1973年の第4次中東戦争を受けて，中東の石油輸出国機構(OPEC)加盟国が，イスラエルを支援するアメリカなどに対抗すべく，原油価格の引き上げや禁輸措置を採った．これにより原油の安定供給が危機に直面したことで，消費国の物価が全般的に高騰し，世界経済が不況に陥った．先進国はこれに対処するため，OECD傘下にIEA(国際エネルギー機関)を結成し，石油の備蓄などにおいて協調行動を取った．

石油危機は，1960年代に政策転換をしたところだった日本を直撃した．石油依存度が75％(1973年)にまで達していた状況で(図6-3)，消費者はパニック状態に陥り，物価が高騰するとともに，トイレットペーパーの買い占め騒動などが起きた．基幹的なエネルギーを全面的に海外に依存する脆弱さを，したがってエネルギー安全保障の大切さを改めて痛感することになったのである．

このため日本政府は，短期的な対策として石油の安定供給の確保，長期的な対策として石油依存度の低減とエネルギーの多様化，省エネの推進，新エネルギーの研究開発などを進めた．具体的には，1975年に石油の備蓄の確保等に

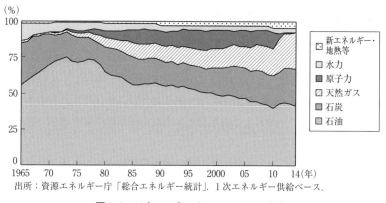

出所：資源エネルギー庁「総合エネルギー統計」．1次エネルギー供給ベース．

図6-3　日本のエネルギーミックスの推移

関する法律（以下，石油備蓄法），1979年に省エネ法，1980年には代エネ法を制定するなど，相次いで政策を打ち出した．

原子力開発の加速

石油危機への回答の1つが，準国産エネルギーとしての原子力による発電である．第2章第4節の通り，原発は少量のウランで大量に発電できるため，エネルギー安全保障上の価値が高い．1950年代から先進各国で開発が進められたが，石油危機を経て開発が加速された（図2-7）．化石エネルギーに乏しい先進国にとっては，技術力によってエネルギーを半ば自給できるため，理想的なエネルギーと期待されたのである．日本もそのような国の1つであり，石油危機を契機として電源三法の仕組みを整備することになる．その詳細は，第8章第3節や第12章第1節で触れる．

一方で1980年代に入ると，石油の需給は緩んできた．先進国で省エネが進む一方で，旧ソ連の西シベリアやアメリカのアラスカ，欧州の北海油田など非OPEC諸国で油田開発が進んだ．また世界的に石油取引の市場化が進んだため，中東の産油国などによる価格維持が難しくなったことも，石油価格の安定化に寄与した．

第5節　気候変動問題と自由化の時代

気候変動問題と気候変動枠組み条約

1980年代に入り，エネルギーに関係する新たな課題が顕在化した．それは気候変動問題である．産業革命以降拡大する一方の経済活動の結果，大量の温室効果ガスが排出され，それが地球規模の環境問題を引き起こしていると警告された．温室効果ガスの主要因がエネルギー起源の二酸化炭素にあるとされ，人類は化石エネルギーに大きく依存したエネルギー需給のあり方を，世界的規模で改める必要に迫られた．

気候変動問題は，原因と影響の双方が地球規模に偏在するため，特定の国だけが対策に取り組んでも効果に乏しい．これに対して国際社会は，1992年に国連の下で気候変動枠組み条約を成立させ，二酸化炭素の排出量の削減に本格

的に取り組まざるを得なくなった．しかし典型的な負の外部性の下で，どの国がどの程度負担するかといった利害調整の議論は，困難を極めた．その議論を受けた具体的な行動目標が，1997年の京都議定書や2015年のパリ協定である．こうして1990年代以降，経済効率性，エネルギー安全保障に加え，環境適合性が重視されるようになったのである（第10章）．

ゼロエミッション電源としての原子力と再生可能エネルギー

気候変動問題の解決策の1つとして，ゼロエミッションである原発に2000年頃から改めて注目が集まった．1986年に起きた人類史上最悪のチェルノブイリ事故などを受けて，安全性に対する懸念や放射性廃棄物の処理の問題などから，原発の開発は先進国では順調に進まなくなってきた．しかし，環境適合性やエネルギー自給への貢献度などから再評価が進み，アメリカや日本，フランスなどで，原発の新増設計画が持ち上がった．これが，2000年代初頭の「原子力ルネサンス」である．

もう1つのゼロエミッション電源として近年導入が進められているのが，再エネである．再エネは長らくコスト高で不安定とされてきたが，デンマークやドイツといった国々は，環境に優しい自国のエネルギーとの観点に立ち，1990年前後から政策的に風力発電などの導入を進めた．その結果，風力発電機の大型化や太陽光パネルの量産によるコスト低下が進み，2010年前後から全世界的に再エネの導入が加速されている．その詳細や社会への影響については，第11章で検討する．

電力自由化

他方1990年代は，自由化の時代でもあった．1980年代の新自由主義的改革の流れを受けて，これまで自然独占性が高いとされてきた電力やガスといった公益エネルギー市場でも，先進国を中心に自由化や民営化といった規制改革が進められた．市場メカニズムを活用することにより，経済効率性の発揮を目指したのである．それは，公と民の領域の再編成という意味も有していた．電力自由化については，第9章で詳細に検討する．

しかし現実に2000年代には，世界の化石エネルギー価格は上昇し続けた（図

2-3).その主因は,アジアなどの発展途上国の経済発展を受けた,世界的なエネルギー消費の拡大である.発展途上国が先進国並みにエネルギーを消費するようになれば,気候変動などの環境問題はさらに悪化するだろうし,そもそも化石エネルギーはいずれ枯渇することが,明らかになってきたのである.

21世紀のエネルギー問題

こうして21世紀のエネルギー問題は,世界的規模で解決しなければならない最重要課題となってきた.人類が化石エネルギーに依存し続けることは,気候変動問題の観点からも枯渇性という観点からも持続可能でない.かといって再エネや省エネにどこまで頼れるか,経済発展と折り合いをつけられるかは,未知数の部分が少なくない.そのため中国などの発展途上国では,原発の大幅な新増設計画が立てられていた.

そのような中で,2011年3月に福島原発事故が起きた.これにより日本のエネルギー政策は,石油危機に次ぐ大胆な転換が求められている.またそれは日本だけの問題ではなく,世界中の国が3E+Sを適切にバランスさせる必要に迫られ,ドイツなどでは「エネルギー転換」といった方向性も打ち出されている(第11章).以上が,現代社会が直面する世界規模のエネルギー問題であり,第Ⅳ部を通じてさらに専門的に考えていきたい.

〈主要参考文献〉

日本のエネルギー政策の変遷については,例えば『エネルギー白書2005』に整理されている他,毎年の『エネルギー白書』を読むことで,理解することができる.より本格的な政策史については,以下が挙げられる.
- 橘川武郎著・通商産業政策史編纂委員会編(2011)『通商産業政策史1980-2000〈10〉資源エネルギー政策』経済産業調査会.

---

1) 東京ガス・ウェブサイト「ガスとくらしの年表」.
2) 電気事業連合会・ウェブサイト「電気の歴史年表」.
3) 石炭エネルギーセンター・ウェブサイト「日本の炭鉱の歴史」.
4) 同上.

第7章
諸外国のエネルギー情勢とエネルギー政策

第6章では，18世紀から21世紀初頭までの世界と日本のエネルギー問題と政策の変遷を大まかに振り返った．産業革命から近代的なエネルギーの利用が始まったこと，19世紀は石炭の時代，20世紀は石油の時代であったこと，国家政府はこれらの安定供給を至上命題としてきたこと，そして21世紀を迎えるに当たり，気候変動問題が顕在化していることを，理解してもらえたと思う．そしてそのような情勢に応じてエネルギー政策は変遷し，国家戦略や外交関係までが左右されてきた．

一方で各国に応じてエネルギー情勢は異なる．エネルギーの需給状況が異なれば(図7-1)，エネルギー政策も異なる．エネルギーとは関係の薄い政治状況や政策志向が，エネルギー政策に影響を与えることもある．本章では，5つの主要国を取り上げて，エネルギー情勢とエネルギー政策を整理してみたい．そ

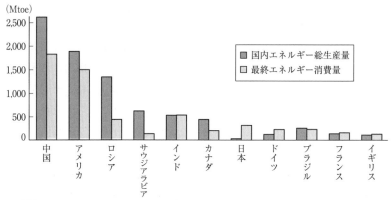

出所：IEA, Energy Balances of OECD Countries, 2015, Energy Balances of non-OECD Countries, 2015.

図7-1　主要国の国内エネルギー総生産と最終エネルギー消費(2013年)

れらは，アメリカ，イギリス，フランス，中国，ロシアである．これら以外にドイツも欠かせないが，第11章がそれを含んでいるため，本章では取り上げない．

第1節　アメリカのエネルギー政策

エネルギー生産大国・消費大国

アメリカは，世界有数のエネルギー生産大国であるとともにエネルギー消費大国でもある(図7-1)．エネルギー自給率は90%と高く(2014年，図3-3)，エネルギーミックスの観点からもバランスが取れている(図3-6)．自国内で多くのエネルギーを産出し，かつ大量に経済活動に利用できることが，アメリカという超大国の力の源泉となってきた．その結果，エネルギー効率は先進国の中では低い方であった(図2-10)．

一方で，特に石油の消費量については，世界一の自動車大国として[1]，全世界の約20%を占めるなど莫大であった(表2-2)．そのため，中東やベネズエラなどからの石油の輸入に頼ってきたのであり，この観点からエネルギー安全保障をいかに確立するかが，エネルギー政策の大きな目的であった．だからこそアメリカは，外交・軍事上も中東などに関与し続けたのである．

シェール革命の影響

しかしその外交方針も，21世紀に入ってシェール革命が起きたことにより，大きく変わる可能性がある．詳細は第8章で紹介するが，自国内におけるシェールガスやシェールオイルの生産量が拡大したことにより，特に天然ガスについては自給できるようになる可能性が高い．アメリカがこれらの純輸出国になれば，産油国・産ガス国への外交的関与の必要性が下がり，国際関係に大きな影響を与える可能性がある．

また，シェール革命の影響は気候変動政策にも及んでいる．自国の天然ガスの価格が石炭よりも安くなったことにより，経済効率性を損なわずに気候変動対策を講じられるようになったことが大きい．そもそも2017年1月まで2期・8年間続いたオバマ政権は，気候変動問題に対して前向きであり，「グリ

ーン・ニューディール」と呼ばれるクリーンエネルギー(**コラム7**)を振興する政策を推進した．この中には，省エネや原子力も含まれるが，特に再エネについては，生産税額控除を実施するなど普及を後押ししてきた．一方で，化石エネルギーに対する補助金を停止してきたことなどにより，産炭地では雇用問題が生じている．

自由主義と原発

自由主義が信奉されているアメリカでは，政策全般的に市場介入を避ける傾向が強い．伝統的にエネルギー政策についても，連邦政府が数値目標を立ててその実現のために計画的に支援したり，逆に脱原発を政治決定したりするようなことはない．

原発については，アメリカは世界最多の100基を超える原子炉を有している(図2-6)．世界有数の核兵器保有国であることもあり，福島原発事故以降も原発を活用し続ける方針は変わっていない．一方で，1979年にスリーマイル島事故を経験した．その後も既設炉の運転は継続され，計画中のものは完成されたが，長らく新規建設計画が実現することはなかった．これは，安全基準の強化や地元住民の反対などにより，特に電力自由化後の環境下において，事業コストが上がり事業リスクも高まったことが主要因とされている．

ようやく2016年に，テネシー州でワッツバー発電所2号機が20年ぶりに新規に運転開始した．しかし，原子炉メーカーのウェスティングハウスによるジョージア州のボーグル発電所では，建設の遅れにより7,000億円規模の損失が生じ，親会社の東芝に降りかかる見込みであるなど，原発の事業リスクは極めて高い．天然ガスの価格競争力が高まった影響もあり，アメリカでは中長期的に原発の割合が高まるとは考えにくい．

州政府の役割，トランプ政権下の政策転換の可能性

一方でアメリカは，連邦制の下で州の自律性が高いという特徴を有することに留意が必要である．連邦政府においてはエネルギー省(DOE)がエネルギー政策を統括しているが，公益事業規制の権限の多くは各州政府が有しており，電力自由化の進展度合いなどは州に応じて大きく異なる．また再エネについても，

太陽光パネルへの補助金やRPS制度など州レベルの政策が大きく影響している．例えば，ハワイ州は2045年に再エネの電源ミックスを100%に，カリフォルニア州は2030年に50%に高める計画を2015年に発表しており，各州が独自性を競う構図になっている．

他方で，2017年にトランプ政権が誕生したことにより，オバマ政権下の政策が転換され，化石エネルギーへの回帰が進むと予想されている．トランプ大統領はそもそも気候変動問題に懐疑的であり，2017年6月にアメリカがパリ協定から離脱することを表明した．一方で国内の雇用を重視する観点から，石炭採掘に関する規制緩和や国内での石油パイプライン建設の認可など，化石エネルギーを振興する政策を強化しようとしている．これらは，「アメリカ第一主義」の表れとされているが，脱炭素化を目指す世界的潮流や再エネに対する各州の振興政策との整合性がどうなるか，注視していく必要があろう．

第2節　イギリスのエネルギー政策

北海油田とその枯渇

イギリスは，最近まで先進国では有数の産油・産ガス国であった．1960年代から北海油田の開発が始まり，1980年代以降は石油の輸出国となった(図7-2)．原油価格指標の名前にもなっている，ブレント油田などが知られている．

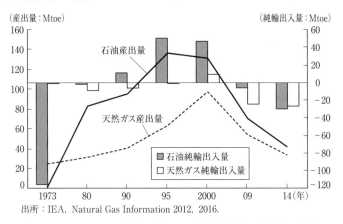

図7-2　イギリスの石油と天然ガスの純輸出入量・産出量の推移

しかし2000年頃から石油，天然ガスともに産出量が減少しており，2000年代半ばには輸入国に転じ，それに応じてエネルギー自給率も下がっている（図3-3）．

他方，イギリスは気候変動対策に積極的であり，2008年に気候変動法を制定し，温室効果ガス排出量を1990年比で2050年までに80％削減するとしている．したがって，枯渇しつつある自国の化石エネルギーを，エネルギー安全保障にも貢献する再エネや原子力で補うことが，近年のエネルギー政策の基本的方向性となっている．このため2020年までに電源ミックスの30％を再エネで，10％を原子力などで賄う目標を立てている．逆に2025年までの脱石炭火力発電も決定している．

洋上風力の開発，原発の新増設

このため再エネについては，風況の良い北海などでの大規模な洋上風力発電の建設を推進している．2012年度以降は世界6位の累積設備容量を維持するなど（図11-5），近年大きな伸びを示している[2]．

原発については，「2008年原子力白書」を発表し，気候変動対策などの観点から引き続き推進することとしており，福島原発事故以降もその方針は揺らいでいない．しかしイギリスでも，1990年の電力自由化を経て，原発の事業リスクが嫌われて新設が滞っている．2020年以降に老朽原発が次々と廃炉になることが予想されており，脱石炭火力の方針も考慮すれば，早急に原発の新増設を実現する必要がある．

このため，2013年に包括的な電力市場改革を発表し，CfD（差額決済契約制度：固定価格買取制度と類似した低炭素電源の支援策）を導入し，その対象に再エネだけでなく原子力も含めた．予定されているヒンクリーポイント原発に対して，17円/kWhという高い買取価格を35年間保証することで，巨額の初期投資に対する事業リスクを低減する支援策を打ち出している．それでも国内事業者セントリカが2013年にこの建設計画から撤退したことから，主要事業者である仏EDFに対して中国の広核集団有限公司が資本参加することとなった．

電力自由化，脱欧州の影響

　イギリスのエネルギー政策のもう1つの特徴は，1990年から発送電分離を含む電力自由化を推進した先駆者ということである(第9章)．その手法や理論は他国にも波及したが，その後イギリスでは制度改正が相次ぎ，電気料金も上がり続けたことから(図3-1)，必ずしも自由化に対する評価は高くない．また2013年の電力市場改革は，再エネ，原子力，さらに火力も含めた多くの電源に補助を与える内容であり，これまでの市場重視の方向性からの後退との指摘もある．

　そして，2016年に国民投票を経て欧州連合からの脱退を決めたことで，イギリスのエネルギー政策は改めて大きな転換を余儀なくされることが予想される．上記の気候変動政策や再エネ導入政策，自由化政策は，欧州委員会の政策との整合性をもって進められてきた．この前提条件がなくなることにより，裁量が増す面がある一方で，巨大市場の便益が得られない場合も出てくるかもしれない．さらに，洋上風力の適地であり北海油田も有するスコットランドが独立するようなことがもし起きれば，さらに甚大な影響があるだろう．

第3節　フランスのエネルギー政策

欧州連合の共通政策

　イギリスやドイツといった欧州諸国のエネルギー政策を考える際には，前述の通り，欧州連合としての共通政策の影響を大きく受けることに留意する必要がある．例えば欧州連合では，"Energy 2020"という気候エネルギー政策を2010年から掲げており，2020年までにエネルギー効率を20％向上させ，最終エネルギー消費の20％を再エネにすることにより，温室効果ガスを20％削減するとしている(1990年比)．また電力自由化については，欧州委員会が1996年，2003年，2009年と3段階にわたって指令(Directive)を出しており，各国政府はこれに沿って発送電分離などを実施し，欧州統合市場を追求してきた．

世界第2の原発大国

　フランスも上記の共通政策の影響を受けるわけだが，大きな方向性を共有す

る一方で，実現手段については各国政府に一定の裁量が与えられている．フランスの最大の特徴は，原発の重視である．フランスはイギリスやドイツなどと異なり化石エネルギーに乏しいため，日本と同様に1970年代から原発に傾注してエネルギー安全保障を達成しようとしてきた．その背景には，歴史的に国家政府の中央集権体制が強いこと，混合経済と呼ばれる計画的経済手法を好み，国営電力会社EDFの下で国策的推進体制を採り易かったこと，核兵器保有国として世論が原子力に寛容であったこと，などの要因が挙げられる．

「国策国営」の結果，2017年現在で58基・63GWを有する，日本を上回る世界第2の原発大国となっている．これらは，フランスの発電電力量の75%程度を供給しており，その依存度は世界一高い．原発は24時間運転が基本であるため，余剰電力を大量に周辺国へ輸出している．またこのゼロエミッション電源が，気候変動対策の柱ともなっている．

原発推進の方針は，福島原発事故を経ても揺らいでおらず，2011年の事故対応においては，国営原発専業メーカーのアレバが日本を積極的に支援したことが記憶に新しい．一方でアレバの原発事業は，フィンランドでのオルキルオト原発の建設遅れなどを受けたコストの増大により，厳しい状況に陥っており，EDFがアレバを救済するために合併するといった事態に及んでいる．

エネルギー転換法で再エネ，省エネを拡大

このような環境下で，前オランド政権は2015年にエネルギー転換法を制定し，再エネの開発，省エネの推進，原子力比率の低減(現在の75%から2025年に50%)を掲げ，電源ミックスの多様化を図っている．再エネについては，元々水力発電の設備容量が25GWと大きかったが，近年は風力や太陽光の普及を促進しており，固定価格買取制度などにより2030年に発電電力量で40%を目指している．省エネについては，最終エネルギー消費を2030年までに20%，2050年までに50%(2012年比)減らすとしている．これらの結果，温室効果ガスの排出量の削減目標を2030年に40%減，2050年に75%減(共に1990年比)としている．

欧州の共通政策を受けて電力自由化も進めているが，他国と比べてその歩みは遅い．長らく国営のEDFによる発送電一貫体制を維持してきたが，2005年

に送電部門をRTEとして子会社化(法的分離：第9章第4節)した．しかしEDFは原発を始めとして多くの国内の電源を引き続き所有しており，小売り市場においても80%のシェアを誇っている．電気料金は比較的安く，化石エネルギーの影響を受けないこともあり安定している．

　2017年6月に政権交代があり，既存政党に属さないマクロン大統領が誕生した．マクロン政権は親欧州路線を堅持し，気候変動対策に積極的なようだが，そのエネルギー政策は未知数であり，今後の展開が注目される．

第4節　中国のエネルギー政策

世界最大のエネルギー消費国

　21世紀に入り，アメリカを抜いて世界最大のエネルギー生産国であり消費国となった(図7-1)のが，中国である．世界最多の人口の上に工業化の目覚しい進展により，大量のエネルギーを消費するようになり，その安定供給がエネルギー政策上の大きな課題となっている．それ以前には石油や石炭を輸出していたが，2000年代以降は国内消費が急増した結果，輸入量が大幅に伸び(図7-3，図7-4)，エネルギー自給率が低下する一方である(図3-3)．そのため周辺海域からアフリカにまで活発に進出し，エネルギー資源の獲得に動いていることは，周知の通りである．

　もう1つのエネルギー政策上の課題が，化石エネルギーなどによる大気汚染である．特に石炭の割合が70%前後と高いため(図3-6：1次エネルギー供給ベー

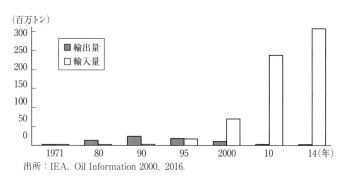

出所：IEA, Oil Information 2000, 2016.

図7-3　中国の石油の輸出入量の推移

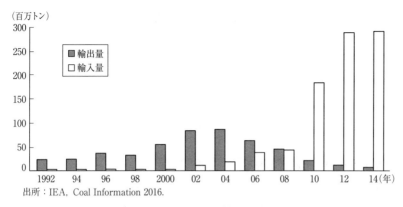

図7-4　中国の石炭の輸出入量の推移

ス），PM 2.5などが大きな社会問題となっていることが，知られている．したがって，地球環境問題というより国内環境問題として，石炭の利用を減らす対策が急務となっている．一方で現在の習政権には，高い経済成長を維持することも求められており，石炭産業や鉄鋼産業の供給過剰問題と合わせて，経済と環境のバランスに苦慮している．

世界最大の再生可能エネルギー導入量

　大気汚染への対策の1つが，再エネの導入である．図11-5・図11-6の通り，中国は太陽光発電でも風力発電でも累積導入量が世界最大となっており，関連製品の市場として注目されている．再エネは産業振興の観点からも重視されており，近年の中国では，太陽光パネルや風力発電機の有力なメーカーが育っている[3]．一方で，再エネの発電所は比較的北西部の砂漠地帯などに多いのに対して，需要地は東部の沿岸地帯などに偏っているため，国内での長距離送電網の建設が不可欠となっている．

　もう1つの対策が，原発の新増設である．国際原子力機関(IAEA)によれば，2015年末時点で中国は31基・26.8 GWの原発を有し，電源ミックスの2%を供給している[4]．今後これをさらに増やすため，24基・24.1 GWを建設中である．この24.1 GWは，世界中で建設中の設備容量66.4 GWの3分の1以上を占め，これらが完成すれば，中国は日本を抜いて世界第3位の原子力発電大国

となろう．中国政府は，福島原発事故以降も原発推進の原則を変えておらず，産業政策的にも中国広核集団といったメーカーが育っている．前述の通り，海外市場への参入も積極的に行っており，日米仏といった先進国が牛耳ってきた原子力産業の構図にも影響が出つつある．

第5節 ロシアのエネルギー政策

天然ガス輸出で欧州に影響力

世界有数のエネルギー生産国であり，かつこれを外交上戦略的に利用しているのが，ロシアであろう．石炭で世界3位，石油で2位，天然ガスで1位の輸出国（表2-1から2-3：2014年）であり，エネルギー自給率は183％に達している（図3-3：2014年）．特にパイプラインでつながっている欧州には，ロシアへの天然ガスの依存度が高い国が多い（図7-5）．そのためロシアにとってみれば，これを資源外交の有力な手段として使うことができる．

実際に2006年には，ロシアがウクライナへのガス供給を停止する事件が発生した．2004年にウクライナでいわゆるオレンジ革命が起き，親欧米的な政権が誕生したことに対するロシアの制裁措置との指摘がある一方で，ロシア側はウクライナがガス料金の改定に応じなかった結果と反論した．この際には，

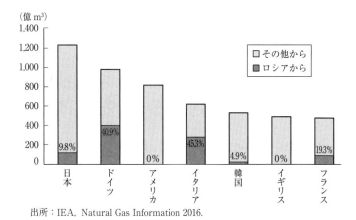

出所：IEA, Natural Gas Information 2016.

図7-5 主要国の天然ガス輸入量とロシア依存度（2013年度）

供給停止を受けたウクライナが，パイプラインからのガスの取得を続けた結果，ガスの圧力が低下し，本来ウクライナ経由でそれらが供給されるべき欧州諸国が被害を受けた．同様の事件は 2008 年や 2009 年にも発生しており，エネルギー安全保障に不安を感じた欧州諸国は，天然ガスの調達先の多様化を模索するようになったという．

資源外交と経済的相互依存

他方ロシアにとっても，このような外交上の対抗措置を頻繁に使えるわけではないことに留意する必要がある．ロシアにとって天然ガスの輸出は貴重な外貨獲得手段であり，それを政治的な理由で容易に停止すれば，自らの首を絞めることにもつながりかねないからだ．これが，経済的相互依存の影響力である．

また，ロシアにとって化石エネルギーの輸出への依存度が高いことは，経済上の脆弱性を意味する．石油や天然ガスの価格は変動しやすいため，2014 年から 2016 年のような下落局面(図 2-3)では，国家財政や国内経済に大きな打撃となる．市場取引が発達し，供給ネットワークがつながっている時代においては，輸入国が他の供給国を探すことも難しくない．これは，ロシアが中東諸国と同様の課題を抱えていることを意味し，産業構造の多角化が求められているが，十分に実現できていない．

〈主要参考文献〉

諸外国のエネルギー政策を調べるには，まずは各国政府の関係機関の英語ウェブサイトなどが有効であろう．ウェブサイトそのものに政策の概要が掲載されている上，様々な政策集やレポート，データベースなどもダウンロードできることが多い．

日本語の文献では，資源エネルギー庁の『エネルギー白書』において，第 2 部第 2 章が「国際エネルギー動向」となっており，主要国のエネルギー情勢や政策が整理されている．また，海外電力調査会のウェブサイトにも，電力を中心とした諸外国のエネルギー情勢がまとめられており，参考にした．

---

1) なお，世界各国の四輪車保有台数(2014 年末)において，アメリカは 2 億 5,800 万

台で1位，2位は中国で1億4,300万台であったが，2015年の四輪車販売台数では，1位は中国の2,460万台，アメリカは2位で1,747万台であった．日本自動車工業会・ウェブサイト「クルマと世界」．
2) 2017年5月時点で世界最大の洋上風力発電所は，イギリスのLondon Arrayであり，風車175基・計63万kWから成る．
3) 例えば，IEAのTrends in photovoltaic applications 2016によれば，2015年度の世界の太陽光パネルのモジュールの生産において，中国が最大の69%のシェアを占めている．
4) IAEA, Nuclear Power Reactors in the World, 2016. 発電電力量ベース．

第Ⅳ部：エネルギー政策各論

　第Ⅲ部では，エネルギー政策を歴史的に，国別に概観した．これにより，エネルギー問題と政策の全般的状況を理解してもらえたはずである．もう1つの切り口は，エネルギー源別あるいは政策課題別のアプローチである．実際にエネルギー問題は，国境を越えて複数の国に影響することが多いため，新聞紙面などでの取り上げ方はこちらの方が多いのではないか．すなわち，石油危機が先進国の政府をどう動かし，その結果原発の開発や再エネの導入がどう進み，あるいは近年のシェール革命がそれにどう影響を与えているか，といった具合である．このように，現在進行中のエネルギー問題をより身近なものとして，具体的な解決策を考えることが重要であるし，また純粋に面白いだろう．

　そこで第Ⅳ部では，現代の国際社会が直面するエネルギーに関する5つの具体的な政策課題を取り上げ，これまでより専門的かつ実践的な議論を進める．それらは，石油危機とシェール革命，電力自由化，気候変動問題，エネルギー転換，そして福島原発事故である．テーマを政策論的に言い換えれば，化石エネルギーが影響を及ぼす国際関係，公益事業規制とその改革，気候変動政策と国際条約，再エネがもたらす経済社会の構造転換，国策民営の原子力開発とそれを受けた日本の政策転換，となろう．

　これらは，部分的には第Ⅲ部までで触れてきた話でもあるが，第Ⅱ部で整理した理論も活用して，さらに分析的に議論を深めてみたい．したがって，第Ⅳ部の5つの章は本書の応用問題でもある．これらを通読することにより，あるいは興味がある章だけでも読むことにより，新聞紙面を賑わしている世界のエネルギー問題がリアリティーを持って理解できるようになるだろう．

第8章
石油危機からシェール革命へ

　現代社会における石油の格別な重要性は，ここまで説明してきた通りである．20世紀は明らかに石油の時代であった．そしてエネルギーとしての石油は地域的に偏在しているが故に，常に争奪の的であり続けた．特に1970年代の石油危機は，日本や世界の国々にエネルギー安全保障の重要性を再認識させた．エネルギー問題が国際関係を大きく規定するのである．そして21世紀初頭に始まったシェール革命は，国際エネルギー情勢を大きく変容させる可能性を秘めている．

　本章では，石油や天然ガスを中心にエネルギー安全保障を巡る国際関係について考える．スタンダードオイルによる私的独占の理解から始め，石油メジャーによる国際石油カルテル，さらに中東諸国による政府間のカルテルが引き起こした石油危機について考える．それに直撃された日本は，どのように政策的に対応したのだろうか．さらに，現在進行中のアメリカ発のシェール革命とその国際関係への影響までを射程に収める．

第1節　スタンダードオイルの分割と石油メジャー

スタンダードオイルと私的独占

　20世紀は石油の時代と呼ばれるが，その開発は19世紀のアメリカに遡ることができる．1859年にペンシルベニア州で油井が開発され，石油産業が成立することになった．これを主導したのは，ジョン・D・ロックフェラーが1870年に創立したスタンダードオイルであった．スタンダードオイルは，製油所や鉄道タンク車を買収することで国外にも及ぶ巨大なサプライチェーンを確立し，アメリカ国内で80％以上の販売シェアを獲得するなど石油市場を支

配した.

スタンダードオイルによる市場支配は，エネルギー分野における私的独占と説明することができよう．私的独占とは，「他の事業者の事業活動を排除し，又は支配することにより，公共の利益に反して，一定の取引分野における競争を実質的に制限することをいう」(独占禁止法2条5項)．例えば，市場支配力のある事業者は，不当廉売や排他条件付取引といった「不公正な取引」(同法2条9項)を行うことにより，競争を歪めて競合他社を排除することが可能であり，現在では独占禁止法により禁止されている．このような，企業間の公正かつ自由な競争を促進する一連の体系を競争政策と呼ぶ．

石油メジャーの成立

この私的独占を取り締まるため，アメリカ連邦議会は1890年に反トラスト法[1]を制定した．そしてスタンダードオイルは，1911年に最高裁判所により同法違反とみなされ，後のエクソン，モービル，シェブロンなど計34社に分割された．余りにも巨大になった企業の市場支配力を削ぐために，その企業構造にメスを入れるという意味で，競争政策上の構造規制と呼ばれる．

一方アメリカの国外では，英蘭系のロイヤル・ダッチ・シェルや英系のアングロ・ペルシャンが勢力を伸ばした．スタンダードオイルの後継会社と合わせて，20世紀前半には7社程度の巨大石油会社が世界の石油産業を牛耳るようになった．これらが，石油メジャーとしてのセブン・シスターズである[2]．石油メジャーは，それぞれが石油の探鉱から小売りまでサプライチェーンを垂直統合的に支配した．

国際石油カルテルの拡大

第1次大戦を経て，戦車や戦闘機などの動力源としての石油の重要性が高まるとともに，アメリカだけでなくベネズエラ，旧ソ連，ペルシャ(現イラン)などで油田の開発が相次いだ．その結果生じた石油の供給過剰に対して，1928年から石油メジャーは，協調して需給調整や価格設定，販売市場の割り当てなどを行い，各社の市場シェアの維持を目指した．これが，国際石油カルテルである．

カルテルとは,「事業者」「が相互に連絡を取り合い, 本来, 各事業者が自主的に決めるべき商品の価格や販売・生産数量などを共同で取り決める行為」[3]を指す. 寡占分野における「企業連合」とも呼ばれ, 一般に競争は停滞し, 財の価格は不当に吊り上げられ, 消費者の不利益が生じるため, 「不当な取引制限」として, 独占禁止法3条により禁止されている. それが国境を越えて成立したものが, 国際カルテルである.

第2次大戦後, アメリカ以外の先進国も独占禁止法を整備し[4], 国際カルテルは非合法化されたが, 逆にその把握は難しくなった. また, 世界最大の石油輸出国であったアメリカが輸入国に転じ, 中東が世界最大の供給基地となる一方で, 北アフリカや南米なども含めて, 欧米の石油メジャーが世界の産油量の半分以上を支配し, 独占的な権利に基づいて油田の操業を続けた.

第2節 資源ナショナリズムと石油危機

資源ナショナリズムと OPEC

これに不満を持った欧米以外の産油国政府は, 石油メジャーに対する所得税制の導入などによって, 国家収入の拡大を目指した. またイランは, 1951年に英系のアングロ・イラニアンの国有化を断行しようとした. これは失敗に終わるが, 産油国が自国のエネルギーに対する主権を主張し, 石油メジャーからの油田の国有化など権益の確保を行おうとする動きが活発化するようになった. このような主として発展途上のエネルギー生産国による, 自国のエネルギー資源を自ら管理・開発しようとする考え方や行動を, 資源ナショナリズムと呼ぶ.

このような中で, 1960年にイラン, イラク, クウェート, サウジアラビア, ベネズエラの5カ国が, OPECを結成した. OPECは, 発展途上の産油国の集まりとして, 石油メジャーや先進国に対抗し, 石油価格の安定化などによる自国権益の確保を目指した. その後も石油に対する需要が世界的に増え続ける中で, 供給面では中東を中心とするOPEC諸国への依存度が高まった.

このためOPEC諸国は, 1970年頃から石油価格の値上げや事業参加, 油田の国有化など, 資源ナショナリズムに基づく行動を進めた. 1972年に中東の産油国と欧米の石油メジャーとの間でリヤド協定が結ばれ, 産油国の段階的な

事業参加が約束された．その後サウジアラビアは，シェブロン，モービル，エクソンが設立して自国内の石油採掘を独占してきたアラムコを，1976年に国有化した．またイラクは，1972年に同様に外資合弁企業のイラク石油を国有化し，ベネズエラも1976年に油田を国有化し，国営石油会社ペトロレオスを設立した．

第1次石油危機と第2次石油危機

このように資源ナショナリズムが吹き荒れる中で，1973年に第1次石油危機が発生した．第4次中東戦争の勃発を受けて，中東の産油国はイスラエル支援国に対して石油の輸出を禁止するとともに，原油価格の大幅な引き上げを行った(図8-1)．石油を巡る国際カルテルの主体は，欧米の石油メジャーから中東の産油国へと移行したのである．これにより消費国の政治経済は大打撃を受け，消費社会はパニックに陥った．石油という極めて価値の高い偏在するエネルギーが，外交上戦略的に利用されたのである．

これに対してアメリカを中心とした西側の消費国は，「国際エネルギー計画協定」を採択し，団結して対抗しようとした．1974年にOECDの傘下にIEAを設立し，石油備蓄の実施と緊急時の相互融通，省エネ，代替エネルギーの開発などを推進した．アメリカは1977年に連邦エネルギー省を設置し，安全保障の観点からエネルギー政策を推進するようになった．

1979年のイラン革命を受けて再び原油価格が高騰し，第2次石油危機が勃

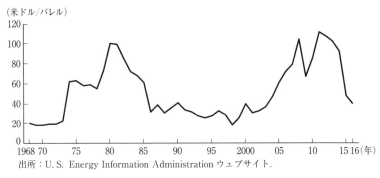

出所：U.S. Energy Information Administration ウェブサイト．

図8-1 アメリカの輸入原油価格(実質値)の推移

発した．しかしこれは短期間で収束し，これ以降は石油消費の停滞や非OPEC国の油田開発が進み，石油の需給は再び緩んできた．1980年代には石油価格が市場で決まる傾向が強まり，OPEC内部でも減産などについて足並みが乱れ，産油国や石油メジャーの市場支配力は弱まった．石油価格が低迷する中で，1990年代以降は石油メジャーの再編が進んだ．

第3節　石油危機への日本の政策対応

高度経済成長の終焉

1960年代にエネルギー政策の柱を国内の石炭から海外の石油に転換した日本は，1970年代にかけて原油輸入量を大幅に増やしており，特に中東依存度は1967年に91.2％と極端に高まっていた（図8-2）．そこを襲ったのが，第1次石油危機であった．しかも当時の日本では，列島改造ブーム[5]などにより地価の高騰が発生していた．石油危機を受けて便乗値上げが相次ぎ，「狂乱物価」と呼ばれるようなインフレが加速された．これを抑えるために公定歩合の引き上げや公共事業の見直しが行われたこともあって不況に陥り，マイナス成長を記録した．

また，原油価格とは関係のないトイレットペーパーや洗剤などの買い占め騒動が起きる一方で，デパートのエスカレーターの運転中止やガソリンスタンドの日曜休業，深夜のテレビ放送の中止など，消費生活への影響も大きく，内需が大きく落ち込んだ．戦後続いた高度経済成長は，石油危機をもって終止符を

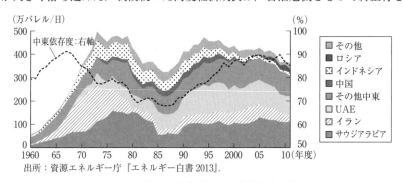

図8-2　日本の原油輸入量と中東依存度の推移

打たれたと言われており，経済成長に代わる価値観が求められる，新たな時代の幕開けを示唆していたとも考えられる．

これに対して政府は，1973年に生活関連物資等の買占め及び売惜しみに対する緊急措置法や国民生活安定緊急措置法を制定し，物価の安定化を図るとともに，石油需給適正化法により石油供給事業を統制し，エネルギー消費を抑制しようとした．また上記の国際エネルギー計画協定も踏まえ，1975年に石油備蓄法を制定し，国内の民間石油会社による90日分の民間備蓄を進めた．これを受けて，1978年には石油開発公団を石油公団に改称し，民間備蓄に加えて国家備蓄業務も開始した[6]．

石油依存度の低減に向けた政策

これらの緊急的な対応とは別に，抜本的な対応は石油依存度を下げることであろう．具体的には，非石油エネルギーへの多様化，省エネの推進，新エネルギーの研究開発などが考えられる．このため1974年から，太陽熱や地熱，水素などの技術開発を目指した「サンシャイン計画」を，1978年からエネルギーの変換効率の向上や未利用エネルギーの回収・利用のための技術開発を目指した「ムーンライト計画」を開始した．

さらに第2次石油危機が発生した1979年に省エネ法を制定し，工場や建築物の省エネについて事業者の取り組みを定めた．また1980年には代エネ法を制定し，石油依存度を下げるために石油代替エネルギーの供給目標を定めるとともに，国立の研究機関である新エネルギー総合開発機構(NEDO)を設立し，非化石エネルギーや天然ガスなどに関する技術開発の支援を進めた．

省エネルギー政策の成功

これらの中でも大きな成果を収めたのが，省エネ政策と言われている．実際に日本は，右肩上がりを続けていたエネルギー消費(1次供給)を，1970年代から80年代にかけて抑えることに成功した(図1-8)．

省エネ法は，当初は大規模工場に対象を限り，設備や建築物の省エネを義務付けたが，1993年の法改正により省エネの基本方針の策定や定期報告の義務付けなどを追加した．また同年には，エネルギー等の使用の合理化及び再生資

源の利用に関する事業活動の促進に関する臨時措置法(省エネ・リサイクル支援法)も施行した．さらに1998年に省エネ法を改正し，自動車の燃費基準や電気機器の省エネ基準にトップランナー方式(コラム8)を導入し，これら機器の省エネが大幅に進んだ．

■ コラム8　省エネルギー政策におけるトップランナー方式

　省エネ政策におけるトップランナー方式とは，エネルギー多消費機器に関する消費効率基準の設定の仕組みを指す．対策が進んでいなかった民生・運輸部門の省エネを促すため，自動車や比較的大型の家電のエネルギー消費効率を，現在商品化されている類似製品のうち最も優れているもの(トップランナー)以上に設定することを求めた．

　1979年の省エネ法制定時から省エネ基準は存在していたが，1998年までは平均基準値方式だったため，達成が比較的容易であり，効果が限定的だった．これを最高水準に引き上げることで，省エネ機器の開発を促したのである．目標年度までに達成できなかった場合には，消費効率の改善を勧告され，事業者名の公表や罰金に至ることもある．

　これは一見規制的手法であり，商品価格の上昇にもつながりかねない．しかし商品を選択する消費者の省エネや経済効率性(エネルギー費用の削減)に対する意識に訴えることで，メーカーの技術革新競争を促すことに成功したと言われている．例えば，1995年から2009年の間に，エアコンの消費電力量は75.7％減り，乗用車の燃費は47.1％改善した[7]．対象機器は随時見直され，2015年1月時点で28機器となっている．

国策民営の原子力開発の加速

　石油危機に対する回答の1つが原発であったことは，第6章第4節で触れた．日本では，1955年に原子力基本法が制定され，翌56年には総理府に原子力委員会や大臣庁としての科学技術庁，さらに特殊法人の日本原子力研究所が設置され，アメリカやイギリスからの技術導入を急いだ．日本において，これだけの行政組織が特定分野に集中して短期間で新設されるのは異例であり，それだ

け政府が原子力政策に注力したことが分かる．

　政府が開発に関与するには，公的な計画が必要になる．1956年から概ね5年ごとに，原子力委員会が「原子力開発利用長期計画」を策定し，これに基づいて研究開発から立地対策まで幅広く政府が関与するようになった．

　原発の事業主体については，電力9社は民間が担うことを希望していたが，国の特殊法人である電源開発が担うという案もあった．最終的に電力会社が80％，電源開発が20％を出資して1957年に日本原子力発電が設立され，これが主体となることに決した．そして日本初の商用原発である東海発電所は，1966年に運転を開始した[8]．それ以降，各電力会社も独自で原発を開発するようになり，関西電力の美浜発電所(1970年)，東京電力の福島第一発電所(1971年)などが続いた．こうして，事業の大きな方向性や研究開発には国が深く関与する一方で，事業運営は民間企業に委ねる推進体制が固まった．これを，国策民営と呼ぶ．

　当初は夢のエネルギーとして期待された原発も，1970年代に入ると地域住民の反対などにより，新規立地が滞るようになってきた．そこで政府は，石油危機後の1974年に電源三法を成立させ，電源立地促進対策を本格的に講じるようになった．電源三法とは，電源開発促進税法，電源開発促進対策特別会計法，発電用施設周辺地域整備法の3つである．目的税によって電気料金に課税することで税収を特別会計に集める(第4章第5節)．ここから原発を受け入れる立地自治体に交付金を配分し，地域のインフラ整備や産業振興に活用すると

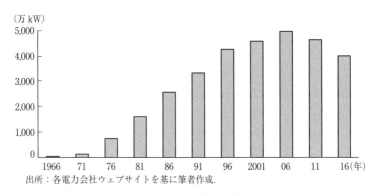

図8-3　日本の原子力発電の設備容量の推移

いう政策的枠組みが出来上がったのである．この詳細については改めて第12章第1節で触れるが，これ以降1990年代にかけて，原発は順調に拡大を続けた(図8-3)．

石油危機後の日本

こうして日本は，政策を総動員することにより石油危機を乗り切った．石油依存度を下げつつエネルギーミックスの多様化を進めるとともに(図6-3)，大幅な省エネやエネルギー効率の向上を実現した(図2-10)．日本の省エネ努力は国際的にも評価されており，これ以上の努力が難しいほど努力したとの意味で，「乾いた雑巾」などと称されるようになった．

しかし1990年代以降は，原油価格の安定化などの要因もあり(図2-3)，エネルギー効率の向上は停滞した．自動車の大型化や電化製品の増加，情報化の進展，経済社会活動の24時間化などにより，エネルギー需要は家庭部門や運輸部門を中心に再び増加傾向を示し，エネルギー効率については他の先進国に追いつかれるようになってきた(図2-10)．また1980年代に一度は下げた原油の輸入量は1990年代にかけて再び増加し，中東依存度も2000年代には再び90％にまで高まったのである(図8-2)．

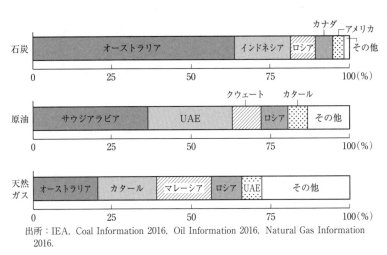

出所：IEA, Coal Information 2016, Oil Information 2016, Natural Gas Information 2016.

図8-4 日本の化石エネルギーの輸入上位5カ国(2014年度)

図 8-4 は，3 大化石エネルギーについて，2014 年度の日本の輸入国を割合が高い順に列挙したものである．そもそも輸入量に対する国内生産量は，石炭は 0%，石油は 0.33%，天然ガスは 2.46% に過ぎない．化石エネルギーのほぼ全てを輸入に頼る中で，天然ガスについては，先進国から中東，アジアの発展途上国と，輸入元が比較的分散している．しかし原油については，70% 以上を中東に依存しており，エネルギー安全保障上の懸念は解消されていないと言わざるを得ない．

第 4 節　アメリカにおけるシェールガスの開発

新興国の経済発展と石油価格の高騰

2000 年代に入り，石油を始めとする化石エネルギーの価格は再び高騰した (図 2-3)．この背景には，中国やインドといった新興国の経済発展によるエネルギー需要の増大がある．図 1-3 の通り，先進国のエネルギー消費が横ばいになる一方で，世界全体のエネルギー消費は伸び続けた．これが気候変動問題に拍車をかけることになる．

またこの時期の価格高騰には，金融のグローバル化に伴って，投機マネーがエネルギー市場に注がれた要因も大きい．石油や天然ガスの先物市場が発達するにつれて，エネルギーも投機の対象となってきたのである．こうして石油などのエネルギー取引は，産油国や消費国の政治的思惑，石油メジャーなどの企業戦略，そして金融を含む市場を通して決まる，複雑な構図が形作られた．

非在来型天然ガスとしてのシェールガス

このような国際エネルギー情勢に影響を与える新たな要因が，2000 年代以降のアメリカにおけるシェールガスの開発である．以前からシェール層と呼ばれる頁岩の地層に大量のガスや石油が含まれることは知られていたが，これらを経済的に採取する方法がなく，実質的に利用不可能と見られていた．これらを，ガス田から直接採掘可能な在来型 (conventional) ガスに対して，非在来型 (unconventional) ガス (あるいは非在来型石油) などという．

21 世紀に入ると，採掘方法にいくつかの技術革新が起こった (図 8-5)．第 1

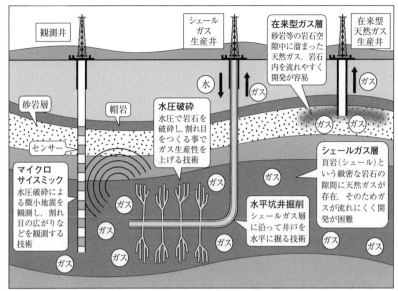

出所：JOGMEC ウェブサイト「資源ライブラリ」．

図 8-5　シェールガスの採掘方法

に水平坑井である．地下 3,000 m といった付近にあるシェール層に対して，垂直の井戸をいくつも掘るのではなく，横穴によって水平掘りすることで，効果的に広範囲のガスに到達できるようになった．第 2 に水圧破砕である．横穴に大量の水を注入することで頁岩に人工的に割れ目を作り，閉じ込められていたガスを抽出させ，回収できるようになった．第 3 にマイクロサイスミック技術である．地中深くでの上記の作業状況を微弱な振動波の解析を通して把握することで，シェールガスの採掘過程を精緻に管理できるようになった．

　これらの技術革新により状況は一変した．シェールガスは，物質的には在来型ガスと同じである．在来型ガスよりは採取コストが割高になるものの，2000 年代に天然ガス価格が高騰したこともあり，アメリカ国内に大規模なガス田が新たに発見されたのと同じような状況が生じた．テキサス州やペンシルベニア州には巨大なシェール層があり，地中深くのシェールガスの権利をその上の土地所有者に認めることで，各地での採掘が活発化した．また，アメリカ国内にはそもそも天然ガスのパイプライン網が整備されていたことも，流通コストの

観点から有利に働いた．

第5節　シェール革命の世界的影響

アメリカが世界最大の産ガス国へ

アメリカにおけるシェールガスの本格的な開発により，内外に大きく4つの変化が生じた．第1に，国内の天然ガスの生産量が大幅に増加し，アメリカは世界最大の産ガス国となった（表2-3）．天然ガス産業が潤い，多くの雇用が生まれるとともに，アメリカのガス価格が大幅に下がり，ガスの利用が促進された．

第2にそれは，比較的慎重だったアメリカの気候変動対策に追い風となった．環境適合性よりもむしろ経済効率性の観点から，石炭火力発電所がガス火力発電所に置き換えられた．天然ガスは化石エネルギーの中では相対的に二酸化炭素の排出量が少ないため（図2-2），コストをかけずに気候変動対策が可能になった．

第3に，アメリカの天然ガス輸出が伸び，世界の天然ガス市場に大きな影響を与えた．シェール革命が本格化した2009年頃からまず生産量が増えたアメリカで，2014年頃からはその影響を受けて世界的に天然ガス価格が下がった（図2-4）．アメリカに輸出していた産ガス国は，他に売り先を見つける必要に迫られたのである．こうして天然ガスの国際的な需給が緩み，輸出入の流れが変わった．さらに，アメリカ国内で天然ガスに取って代わられた石炭が他国へ流れ，石炭の国際的流通や市況にも影響が及んだ．

アメリカの中東関与は減少するか

第4にシェール革命は，アメリカのエネルギー安全保障の状況に，そして世界各国の外交戦略に影響を与えようとしている．図8-6の通り，アメリカは天然ガスの純輸出国になろうとしている．またシェール層には石油（シェールオイル）も含まれているため，アメリカの原油生産量も増大し（図8-7），シェール革命は石油市場にも及んだ．アメリカは天然ガスや石油に関して，これまでのように中東やベネズエラに依存しなくてもよくなり，これら不安定な地域への安

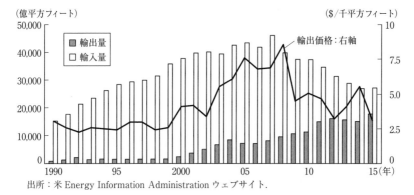

図 8-6 アメリカの天然ガスの輸出入量と輸出価格の推移

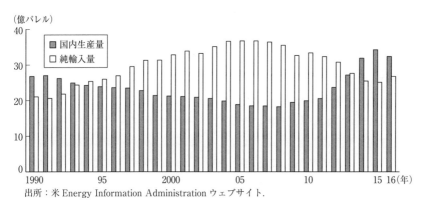

図 8-7 アメリカの原油の国内生産量と純輸入量の推移

全保障上の関与を続ける必要性が下がった.

　その具体的な影響は未だ明確でないものの，アメリカとサウジアラビアが石油の値下げ競争を繰り広げ，そのしわ寄せがロシアなど他の産油国や産ガス国に及んでいるといったことが指摘されている．石油や天然ガスからの収入に多くを依存する産油国・産ガス国の財政は逼迫する一方で，日本のような消費国は低価格の恩恵を受けている．今後，例えばアメリカが中東への関与を弱め，中東情勢がさらに不安定化する可能性もあるだろう．このように，アメリカの国内経済から国際関係まで大きな影響を与えている一連の現象を，シェール革命と呼ぶようになったのである．

他国におけるシェール革命の可能性

　シェール層は，アメリカ以外にも中国や欧州，南アフリカやアルゼンチン，オーストラリアなどに幅広く分布している．しかしカナダなどを除き，本格的な商業生産は始まっていない．その理由として挙げられるのが，水圧破砕に大量の水が必要とされることである．中国などでは，それだけの豊富な水を用意することが難しいと言われている．また，その採掘方法による地層や地下水など自然環境への悪影響が懸念されており，アメリカでも地域住民や環境保護団体などによる反対運動が起きている．特に欧州では環境問題への懸念が強く，社会的合意を得ることが難しいため，すぐに商業化できる状況にない．

　さらに，シェール革命のあり方は，天然ガスなどの国際価格に大きく左右されることにも留意が必要である．在来型ガスの価格が低い状況が続くようであれば，シェールガスの採算性は取れず，生産の拡大は難しい．実際に近年のアメリカでは，市況の低迷によるシェールガス開発会社の倒産といったことも起きている．また，アメリカやカナダとは異なり，パイプラインが整っていない地域では，採掘後の輸送に追加的なコストが発生する．

　日本については，地質年代が新しくシェール層が少ないため，シェールガスにほぼ期待できないと言われている．とはいえ，2017年1月に初めてアメリカ産のシェールガスの輸入が始まるなど，エネルギー安全保障面からも経済効率性の面からも，その影響は小さくない．アメリカ発のシェール革命は始まったばかりであり，今後ともその世界的な動向を注視していく必要があろう．

■ コラム9　メタンハイドレートの可能性

　日本では，シェールガスはほぼ期待できないが，近海の海底にメタンハイドレートが大量にあることが知られており，エネルギー安全保障の観点からも産業政策の観点からも注目されている．

　メタンハイドレートとは，メタンを中心に周囲を水分子が囲んだ包接水和物と呼ばれる氷状の固体結晶である．永久凍土の地下や深海底の地下など，低温・高圧の環境下に賦存している．天然ガスの主成分であるメタンを大量に含むため，都市ガスなどにも利用できる．

　日本周辺の北海道沖や南海トラフなどの水深1km程度の深海底の地中に

は，国内で消費している天然ガスの100年分のメタンハイドレートの埋蔵量（12兆m³）があると言われている．この埋蔵量の一部でも利用できるようになれば，一躍日本は世界有数の産ガス国になるというのである．

　そのため資源エネルギー庁は，2001年に「我が国におけるメタンハイドレートの開発計画」を策定し，商業化に向けた海洋産出試験を続けている．JOGMECを事業主体とし，2013年3月には遠州灘沖の第二渥美海丘でガス生産実験を行い，メタンハイドレート層からのガスの産出を確認した．また2015年から16年にかけて，上越沖など日本海でも産業技術総合研究所が試掘を行い，地質サンプルの取得やそれに基づいた資源量の試算を行った．

　このように期待は高まっているものの，最大の障壁は採掘コストにあるとされている．メタンハイドレートは，エネルギーとして濃集していないので，それを深海から採取・回収することには大きなコストがかかる．また，その固体からメタンを遊離すること，そのメタンを消費現場まで運搬することも容易ではない．メタンは二酸化炭素の20倍以上の温室効果があるため，メタンハイドレートの開発過程でこれを大気中に放出させれば，気候変動対策上逆効果になってしまうとの指摘もある．このような様々な課題を解決すべく，日本でも世界でも実用化に向けて更なる技術革新が必要とされている．

〈主要参考文献〉

　本章第1節の執筆においては，JXTGエネルギー・ウェブサイト「石油産業の歴史と現状」を参考にした．また，資源エネルギー庁の『エネルギー白書2005』や『エネルギー白書2015』にも，日本のエネルギー政策の変遷について概括的な叙述がある．シェール革命については，『エネルギー白書2016』に特集されている他，以下を参照されたい．

- 十市勉(2015)『改訂版　シェール革命と日本のエネルギー――逆オイルショックの衝撃』日本電気協会新聞部．

---

1) アメリカの独占禁止法に該当する．立案者の名前からシャーマン法とも呼ばれる．トラスト：trustとは企業合同を指す．

第8章　石油危機からシェール革命へ　　153

2) エクソン，モービル，ソーカル(後のシェブロン)，テキサコ，ガルフ，ブリティッシュ・ペトロリアム(アングロ・ペルシャン)，ロイヤル・ダッチ・シェル．
3) 公正取引委員会・ウェブサイト「独占禁止法の規制内容」．
4) 日本の独占禁止法が制定されたのは，1947年．
5) 日本列島改造論とは，当時の田中角栄内閣の政策であり，東京一極集中の弊害を踏まえ，工業を地方へ分散させ，地方都市を結ぶ全国的な交通網を整備するというもの．公共事業の拡大による地価の高騰を招いた．
6) 2017年7月現在，国家備蓄が128日分，民間備蓄が91日分，産油国共同備蓄が4日分，計223日分(8,218万kℓ)が確保されている．資源エネルギー庁石油精製備蓄課「石油備蓄の現況」(2017年9月)．
7) 資源エネルギー庁省エネルギー対策課資料「トップランナー機器の現状と今後の対応に関する整理(案)について」2015年1月20日．
8) 日本原子力発電の東海原発は，イギリス製の黒鉛減速ガス冷却炉と呼ばれるもので，1998年に運転終了し，廃炉・解体作業を進めている．

第9章
公益事業と電力自由化

　電力や都市ガスは自然独占性の高い財であるため，これら事業には法定独占が認められ，公益事業規制の対象であり続けたことは，第3章第3節で説明した．これに対して1990年前後から，世界的に独占市場の自由化が進められた．自由化は公益事業の規制改革の理論に沿った政策であると同時に，賛否が入り乱れた政策過程でもあった．

　本章では，このような電力分野を舞台にした規制改革の理論と過程を詳細に考察する．典型的な公益事業であった電気事業が自由化されるに至った経緯と，その過程における競争政策や発送電分離の理論を説明するとともに，欧州と日本の政策過程を振り返る．さらにそれが分散型(第11章)の電力システム改革へと変化していく過程を追う．

第1節　公益事業と法定独占

自然独占と規模の経済性
　まず，市場の失敗としての自然独占と公益事業規制について，本節で改めて説明しておきたい．電力，都市ガスといった財は，発電設備や供給ネットワークの形成に莫大な設備投資を必要とする．そしていち早くネットワークを構築した事業者は，後発の事業者に対して圧倒的に有利になる．事業規模が大きければ大きいほど，規模の経済性が働き加速度的に効率性を高め，価格上優位に立つことができるからである．その結果競合他社を市場から淘汰すると，必然的に独占状態が形成され，価格つり上げなど消費者の不利益をもたらす行為が可能になる．これが，自然独占である．

　通常の財では，自然独占性はそれほど高くないと考えられる．例えばリンゴ

の小売り事業を始めることは，経済的にも法的にも障壁は高くないだろう．店舗スペースを借り，卸売市場からリンゴを買い入れれば，誰でも小売り店を始められる．確かにスーパーなどのリテールチェーンを展開することには，一定の規模の経済性が働くかもしれないが，特定産地の有機農法のリンゴに特化することもできるだろうし，最近ではインターネット通販により無店舗の小売りも可能である．要するに，初期投資額がそれほど大きくなく新規参入が容易であれば，したがって競争が起きる条件が整っていれば，競合他社が淘汰されることは考えにくいのである．

そのような場合にも，大企業が豊富な資金力を活かして買収により市場を独占し，不当な取引制限などを行うことがありうる．これが私的独占であり，独占禁止法により競争阻害行為が禁止されていることは，第8章第1節で説明した．企業買収の際に独占禁止当局（公正取引委員会）がその可否を審査することがあるが，あれは規模が拡大し過ぎて競争を阻害しないよう，独占禁止法に基づいて私的独占を防止しているのである．

法定独占と公益事業規制

上記の通り，電力や都市ガスは自然独占性が高い公益事業であるため，放置すれば必然的に独占が生じてしまう．だからといって，独占禁止当局が競争政策の観点から企業規模の拡大を阻むと，事業としての効率性が失われてしまう．例えば，送電網を47都道府県別に分割すると，電力を融通するためのネットワークが分断されてしまう．そうすると事業コストが上がるため，結果的に消費者に不利益がもたらされる．

このジレンマを解決するため，公益事業の分野では政府が予め特定企業の独占を認め，それに規模の経済性を十分に発揮してもらう一方で，独占による弊害を事前に抑止する．これが，法定独占である．要するに，自然独占分野において独占禁止法の適用除外を公認するのであり，その代わりに個別の事業法を制定し，当該企業の行動を厳しく監督する．具体的には，新規企業の参入を禁止する一方で，独占企業に供給義務や料金規制を課す．これらが公益事業規制であり，市場の失敗に対処する政府の重要な役割と言える．

■ **コラム10　公益事業と公共事業**

　公益事業と誤解されやすいのが，公共事業である．両者はともに公共政策論上の重要な概念であるが，明確に異なる．

　公共事業とは，市場の失敗でいうところの公共財たる道路や港湾施設などを，税金などを使って直接的に供給する，行政による建設プロジェクトを指す．英語では public works である．公共財は非排除性と非競合性が成立するため費用回収が難しく，民間企業は供給してくれない．だから政府が供給するわけだが，市場メカニズムが働かないため，適切な供給量の判断が難しく，また建設計画の策定や予算配分の過程では政治的介入があることも珍しくない．その結果，無駄な道路が建設されることもある．なお，建設作業そのものは建設業者に発注されるため，地方の景気対策という目的もある．

　これに対して公益事業は，日常生活に不可欠な財やサービスを供給する独立採算のビジネスであり，排除性も競合性も満たす．英語では utility である．例えば都市ガスは，毎月の料金徴収が容易であり，消費した分だけなくなる．だからこそ，通常の財と同じく民間企業が供給できる．しかし自然独占性が高いため，法定独占に基づいた公益事業規制が課されてきた．料金収入により成り立つ前提であるため，公益事業に税金などを投入する必要は原則としてない．公共財ではなく自然独占という市場の失敗を前提としつつも，法定独占という政府介入の下でできる限り経済効率性の発揮を目指そうという考えである．

　なお，欧州などでは歴史的に国営や自治体営の電力会社やガス会社が珍しくないが，それは市場の失敗の概念の上で必然ではない．実際に日本やアメリカ，ドイツでは，以前から民間企業が電力やガスを供給してきた．エネルギー企業が公営であるのは，公共財だからでもなければ自然独占だからでもなく，その財の必需性に鑑みて政府がより積極的に市場介入しようという政治的判断の表れである．例えば日本でも，第3セクターの鉄道事業に地方自治体が税金を投入することがある．これは，市場メカニズムに従えば成立しないような非効率な赤字事業を，地域コミュニティの維持といった公共的目的のために支援する政治的判断の結果である．

　あるいは，明治時代の日本のように，民間の資本形成が不十分な時期に国

営の形態で始めたといった歴史的経緯の名残の場合もある．これも，市場経済の理論上は国営の必要性はなくなっているが，その国営企業の反対などにより，政治的判断として民営化しないという説明になる．発展途上国などで電気料金を政策的に安く抑える（国営電力会社の赤字を補てんする）ことがあるが，これも市場の失敗上やむを得ない措置ではなく，そのような政治的判断を下していると解釈できる．

第2節　日本の電気事業と9電力体制

戦前と戦中の電気事業

　日本でも，19世紀後半から電気事業が始まった．第2次大戦までの黎明期には，東京電燈や東邦電力，宇治川電気といった民間企業が活躍する一方で，鉄道会社や自治体など様々な主体が電気事業に参入し，各地でネットワークを拡大しつつ，「電力戦」などと呼ばれる価格競争を繰り広げた．その結果，自然独占の理論の通り，20世紀初頭にかけて大手5社に集約されていった．

　しかし第2次大戦への突入とともに，重要インフラを擁するエネルギー産業に対する政府の介入が強まった．1939年に国策の日本発送電株式会社が創設され，民間や公営の多くの電力会社は合併や現物出資を迫られた[1]．また配電部門は，1941年に地域別の9社に統合・再編された．国家が電力を，電力産業を管理するようになったのである．

戦後の9電力体制

　第2次大戦後，GHQの指導もあり，日本発送電は解散させられることになった．そして1952年に，（米軍統治下にあった沖縄を除く）9の地域別に民営の電力会社が設立された．一般に電気事業は，発電，送配電，小売りの3部門に分けることができるが（後掲図9-1），これら川上から川下までの過程を垂直統合した，すなわち発送電一貫体制の，9つの民間電力会社が誕生したのである．このような戦後の電気事業の仕組みを，「9電力体制」などと呼ぶ．

　9電力体制（1972年に沖縄が本土に復帰してからは「10電力体制」とも呼ぶ）は，典

型的な法定独占の公益事業である．9つの供給地域を定め，新規参入を禁止(参入規制)した上で，発送電一貫の電力会社(一般電気事業者)に対して，電気事業法に基づき供給義務や価格規制を課した．電気料金は認可制になり，電力会社は発電所や送電網などの設備投資にかかった経費(原価)を積み上げ，これに数％といった利益を上乗せした合計金額を回収できるように，電気料金が設定された．この料金算定方式を総括原価主義と呼ぶ．

　法定独占の下で，電力会社は競合他社や価格競争を気にかける必要がない．高度経済成長とともに電力消費が伸び続ける中で，電力会社は積極的に設備投資を行い，安定供給の役割を担い続けた．他方でそれは，一般にコスト削減や顧客志向の意識を低下させる．総括原価主義の規制料金の下では，設備投資を拡大すればするほど確実に収益も増えるため，過剰な設備投資が促され，電気料金が高止まりすることにもつながった．このような中で，公益事業を規制改革する機運が高まってきたのである．

第3節　電力自由化と競争政策

規模の経済性の低下による電力自由化

　1990年前後から，欧米先進国を中心に電力やガスの自由化が進められるようになった．小型だが性能の高いガスタービンの開発などにより，発電分野の規模の経済性が下がったことが要因として挙げられる．小規模設備を擁した新規参入者でも，一定の価格競争力を持つようになったのである．また情報通信技術の進化により，異なる事業者の発電所を統合的に管理することが容易になったことも，その一因として挙げられる．

　と同時に，政策アイディアとして新自由主義的改革が，先進国を中心に提唱されるようになったことも，重要である．政府が法定独占といった形で過度に市場介入するよりも，民間企業による市場を通じた競争の方が，効率的な資源配分や技術革新を促すと再評価されたのである．このため1980年代には，イギリスのサッチャー首相やアメリカのレーガン大統領が，小さな政府を掲げて公益事業の民営化や自由化を推し進めた．国営企業や独占企業では経済効率性が低くなるため，市場メカニズムの発揮を目指したのである．

こうして電力分野でも競争が可能と考えられるようになった．だとすれば，市場の失敗として例外扱い，すなわち法定独占に置くのではなく，通常の財と同様に市場競争に委ねるべきということになる．これが，電力自由化やガス自由化といった規制改革の理論的背景である．こうして自然独占に基づいた法定独占は，独占禁止法の範疇に戻ることになる．

自由化後の競争政策の必要性

とはいえ，事業法による法定独占(参入規制)を解除するだけでは，競争は生じない．これまで長らく市場を独占してきた既存事業者は，設備面からも人材面からも顧客獲得という意味からも，圧倒的に優位に立つからである．要するに，自由化を実施した段階で私的独占が生じている状況にある．そのため，いきなり全面的に市場に委ね，独占禁止法の下に置くのではなく，少なくとも一定程度の競争が生じるまでは，規制当局が競争を促進するような政策を積極的に講じる必要がある．

例えば，既存事業者が独占力を行使しないよう，不当な廉売を監視する，送電部門が得た情報の他部門への供与を禁止するといった措置が考えられる．これらは，既存企業の競争阻害行為を取り締まる行為規制と呼ばれる．通常の競争政策では，私的独占が生じないように行為規制や構造規制を課すことが主になるが，自由化後には一種の私的独占が生じているため，より積極的に競争条件を是正する必要がある．

それでも競争が生じない場合には，さらに強い措置で競争を促す必要がある．例えば，既存事業者の小売価格を高めに統制して新規参入者との間で価格差を設ける，既存事業者が所有する発電所の電気を卸売市場に義務的に売却させるといった措置が考えられる．これらは，ただ競争条件を対等にするだけではなく，政府介入により積極的に競争条件を操作することで，新規参入者を優遇し，既存事業者の手足を縛っているため，非対称規制と呼ばれる．

競争政策は誰が所管するのか

ところで，このような自由化後の競争政策はどの行政組織が所管するのだろう．通常の財に関する市場競争の監視や私的独占の取り締まりについては，独

占禁止当局，すなわち日本で言えば公正取引委員会が所管する．しかし，内閣府に置かれた独立行政委員会である公正取引委員会は，通常の財を幅広く監視しているため，例えば電力について競争促進を徹底するだけの人的資源も専門性も有していない．

そこで一般に自由化後には，その分野に専門の独立規制機関を新たに設置し，競争政策を実施させることが多い．自由化前の所管部署は，法定独占下の監督者ではあったものの，対象は1社などに限られ，競争を前提としないため事業者との関係が緊密になりがちである．これが，「規制の虜」(第12章第4節)を生み出しやすい環境を醸成するわけだ．このような関係を改め，中立性と専門性を高めた立場から非対称規制も含む形で競争政策を徹底するために，あえてこれまでの企画・推進部門から独立した規制機関が必要になるのである．

ボトルネック設備としての送電網

電力自由化後の競争政策において，自然独占性が下がり競争が可能になったのは，発電と小売りの分野であり，送(配)電のネットワーク部門は今後も自然独占が続くことに留意が必要である．例えば新規参入者が高効率のガス火力発電所を建設して発電市場に参入したとしても，送電網を使えなければ顧客の元へ電気を届けられない．かといって，送電網は既に全国的に敷かれているため，その新規参入者がこれを新たに敷設しなければならないとすれば，その負担は余りにも大き過ぎる上，社会全体から見れば二重投資になってしまう．

要するに，「自由化」といっても，ネットワーク部門は自由化できないし，する必要もない．都市ガス事業における導管も同様の性質を有しており，これらを「ボトルネック設備」あるいは「不可欠設備」と呼ぶ．競争的な事業活動にとって必要不可欠な共通の設備ということである．

だとすれば，新規参入者が一定の費用を払えば既存の送電網を利用できるよう開放することが，競争政策上不可欠である．しかしそのボトルネック設備は，引き続きこれまでの独占企業が所有している．既存事業者にとってみれば，新規参入者は競合他社になるため，これに送電網を利用させない誘因が働く．「敵に塩を送る」ことを避けたいということである．

そのため自由化後の事業法では，ボトルネック設備を所有する既存事業者に

その開放を義務付ける必要がある．これも前述の行為規制の1つだが，実際の送電網の貸与手続きにおいて，既存事業者は様々な障壁を設けることができる．関連実務は既存事業者が独占してきたところであり，新規参入者がその詳細について異議を申し立てることは難しいからである．こうして送電網の利用において不公平が生じれば，いつまで経っても新規参入者が既存事業者に対抗することはできず，自由化がその成果を上げることは難しい．まさに，自由化が目指す市場競争のボトルネックとなるのである．

第4節　構造規制としての発送電分離とその類型

発送電分離の必要性

そのために必要となる規制政策が，発送電分離である．すなわち，発送電一貫だった既存電力会社から送電部門を分離し，別会社とするのである．送電部門は自社の発電部門を慮るから競争阻害行為に出るのであり，資本を分離して別会社にしてしまえば，その誘因はなくなる．送電会社にとって，新規参入者も既存事業者も等しく顧客であり，送電利用手続きにおいて公平に扱う．そうすることで，競争上のボトルネックがなくなり，対等な競争環境が整備される．

これは，競争政策上の構造規制（第8章第1節）に該当する．本来行為規制で競争促進という目的が達成されるならば，その方が望ましい．企業分割は程度の強い政府介入であり，私的所有権の観点からも乱用されるべきではない．しかし行為規制では不十分と判断されれば，構造規制も選択肢となるのである．

所有権分離と法的分離

発送電分離は，3つの類型に分けることができる（図9-1）．一番分かりやすいのが，所有権分離であろう．発送電一貫の電力会社が送電部門を（あるいは他部門を）売却することにより，所有権上別個の会社にしてしまう．独立した送電会社は，資本（所有権）の論理から自由に，したがって送電事業のみの観点から経済合理的に行動するようになり，送電網の開放が確保される．所有権分離の事例は，元々国営の電力会社を政治的判断により発送電分離した欧州に多い．送電事業の中立性を確保するという政策目的に最も忠実な手法といえる．

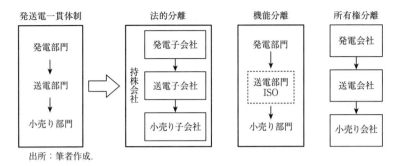

図 9-1　発送電分離の3類型

　一方で，既存事業者が民営であった場合には，私的所有権上の問題から政府が所有権分離を命令することが難しい．いくら競争政策上必要といえど，憲法上保障されている権利に抵触するからである．このためドイツなどでは，送電部門を子会社に位置付ける法的分離が採用された．所有権上は完全に独立したわけではないが，法律(登記)上は別会社となるため，一定程度の自律的な行動が期待される．

　とはいえ法的分離の場合には，持株会社や発電会社，小売会社がグループ内に存在するため，送電子会社に対する影響力が残る．そこで予め競争阻害行為を抑止するため，グループ会社間で情報を遮断する，人事交流を制限する，投資資金の融通を制限するといった行為規制を課すことが一般的である．2015年の電気事業法の改正により，日本は2020年までの法的分離を選択した．所有権分離と比べれば妥協的な手法であるが，これならば民間電力会社も同意し易いのである[2]．日本以外にフランスやドイツの一部，韓国も法的分離を採用している．

機能分離とISO

　第3に北米などで一般的なのが，機能分離である．この場合，送電事業の所有関係は問われず，既存電力会社は発送電一貫体制を維持してもよい．ただし，送電事業の中核業務である系統運用を中立機関(ISO：独立系統運用機関)に委ねなければならない．すなわち，送電網という資産の所有は引き続き許容しつつも，系統接続の手続きや給電の判断といった競争条件に直結する業務(機能)を

第三者の手に委ねることにより，送電事業を中立化するのである．

機能分離の場合，既存電力会社の手には，送電網の保守管理業務や設備投資という役割が残る．送電網の所有者が運用主体(ISO)とは異なるため，設備投資が円滑に進まないという弊害が指摘されている．一方で，ISOは州単位あるいは州際になることが多いため，州内全域のあるいは州をまたいだ複数の系統運用業務を統合し，広域運用が進みやすくなるという長所もある．

なお発送電分離については，安定供給の観点から根強い反対論がある．発送電一貫の電力会社から送電部門を分離すると，発電部門との意思疎通が難しくなり，最悪の場合停電の原因になるというのである．これは，発送電一貫体制を維持してきた既存事業者から主張されることが多く，長年の実務経験に根ざした率直な感想なのかもしれない．しかし，1990年頃から発送電分離を行ってきた欧米諸国では，そのような弊害は実証されていない．

■ コラム11　規制改革，規制緩和，規制撤廃，再規制

　電力自由化に代表されるような，市場メカニズムをこれまでよりも活用する政策を，本書では総称して「規制改革」と呼んでいる．これについて日本では，これまで規制緩和という用語が使われることが多かった．いずれの場合も，様々な経済活動に対する規制を改めて競争に委ねようという趣旨であり，「政府の失敗」を是正する政策と考えられる．

　これに対して海外では，deregulationという用語が使われることが多いが，これは既存の規制を緩めるというよりも撤廃することに重きが置かれている．緩和と撤廃を比べれば，前者の方がその程度が緩く，規制を所管する日本の官僚がその緩和(撤廃)を嫌う立場から，deregulationを「緩和」と訳したのではないかとの指摘がある．そのような思惑もあり，国の審議会として1998年から規制緩和委員会が置かれていたが，1999年からは規制改革委員会と名称変更された．程度を緩めるだけでなく，撤廃も含めてより包括的に規制のあり方を考え直そうというのである．

　他方，自由化という規制改革は，規制の数を少なくするのではなくむしろ増やすとの学術的な指摘がある．法定独占における参入規制や価格規制は極めて介入度の強い規制措置であるが，自由化によりこれら規制を撤廃するだ

けでは自由競争は生じない．前述の通り，既存事業者と新規参入者の競争条件を揃えるような競争促進策が必要であり，既存事業者に対する様々な行為規制や構造規制が講じられる．その結果，規制当局は独占時代よりも自由化時代の方がより多くの規制権限を獲得し，業界に対して睨みを利かせることができる．結果として規制は実質的に増えたのであり，これを行政学者の村松岐夫(1988)らは「再規制」(re-regulation)と呼んだ．

　行政学では，官僚の行動様式が重要なテーマとなるが，官僚がその本性から拡大を追求する代表的な対象が，予算と規制権限であるとされている．規制権限は官僚が企業などに働きかける力の源泉なのである．規制緩和や規制撤廃というと一見権限が減る印象があるが，自由化に伴う再規制の場合には，結果的にプレーヤーが増える業界に対する官僚の影響力は強まる可能性が高い．官僚は規制改革に常に反対するのではなく，自らの規制権限が増えると見込まれる場合には，すなわち再規制のような場合には，一定の協力を示すとの解釈が可能であり，公共政策論の観点からも注目すべき議論である．

第5節　欧米の電力自由化の政策過程

欧州の電力自由化

　前節までに見てきた規制改革の理論に基づいて，1990年頃から欧米先進国において電力自由化が進められてきた．その嚆矢はイギリスである．サッチャー政権では，1980年代から国営通信会社や鉄道会社の自由化や民営化を進めてきたが，1990年に実施したのが電力自由化である．非効率な経営に陥っていた国営電力会社(CEGB)を，3つの発電・小売り会社と1つの送電会社に分割・民営化し，独占市場を新規参入者に開放した．

　これに続いたのは北欧のノルウェーであった．1992年にやはり国営の発送電一貫電力会社から送電部門を所有権分離し，電力市場を開放するとともに，1993年に卸電力取引所を設けた．発送電一貫体制では，発電部門から小売部門への電力取引は内部化されていたが，小売市場の開放により，必ずしも発電設備を持たない小売り事業者の参入が期待される．そこで競争を起こすために

は，小売り事業者が自由に電力を調達できる市場が必要なのである．1996年にはスウェーデンもノルウェーと同様の自由化措置を講じるとともに，このノルウェーの卸電力取引所に参加し，世界初の国際的な卸電力取引場であるノルドプールが設立された．

既存電力会社の反対

このような自由化の政策過程では，一般に既存事業者は強く反対した．旧来の独占企業にとって，自由化は自らの経営基盤を揺るがしかねない劇的な環境変化であり，特に発送電分離は企業分割を意味する．そのため様々なロビー活動を行い，政治的影響力を行使した．とはいえ特にこの時代において，新自由主義的改革は1つの国際的潮流になり，政治的リーダーシップの下，ガスなどでも自由化や民営化が進められた．

イギリスや北欧では，既存電力会社が国営だったため，最終的には政治判断で自由化や送電網の所有権分離が断行された．しかし日本やドイツでは電力会社が民営だったため，発送電分離の中でも所有権分離を政策的に強制することは難しかった．ドイツは1998年に電力自由化を行ったが，民間電力会社の強い反対もあり，当初は法的分離を選択した．しかしそれだけでは送電網の開放が進まず，競争が十分に生じなかった．

このため2005年に設置されたのが，独立規制機関としての連邦ネットワーク庁（BNetzA）である．前述の通り，旧来の電気事業担当部署だけでは，中立性や専門性が十分でなく，競争政策を強力に推進することが難しいと判断されたのである．その後ネットワーク庁は，（法的分離された）送電会社への監督を強めた結果，ドイツにおいて送電網関連の競争阻害行為は概ね解消されたと言われている．

また欧州では，超国家機関である欧州委員会が，欧州域内でのエネルギー市場の統合を指向し，共通の自由化政策を推進してきたことも重要である（第7章第3節）．国境を超えて自由市場を拡大することで経済効率性が高まり，消費者の利益が拡大すると考えているからである．このような多方面からの圧力もあり，ドイツの既存電力会社の多くは，2010年から2012年にかけて送電子会社を売却していった．結果的に，所有権分離は実現されたのである．

電力自由化に対する批判

アメリカでも 1990 年代から電力自由化が進められたが，欧州とはやや経緯が異なる．連邦制のアメリカでは，州に公益事業の規制権限の多くが置かれていたため，どの程度自由化するかは州に応じて異なった．また，民間電力会社が多かったことから所有権分離は敬遠され，前述の機能分離を基本として送電網の開放や広域運用を目指した．

これら欧米の電力自由化に対しては批判がある．第 1 に，前述の安定供給を阻害するというものである．自由化の失敗例として，2000 年代初頭に起きたカリフォルニア州の電力危機が挙げられることが多い．しかし，自由化の進め方の失敗[3]が原因との指摘もあり，必ずしも共通認識となっていない．第 2 に，自由化の成果に乏しいというものである．図 3-1 の通り，確かに 2000 年代の電気料金は上がり続けており，自由化を受けた顧客の移動（スイッチング）が思ったほど起きていないとの指摘もある．電気料金が上昇した一因は化石エネルギー価格の高騰にあるほか，税金等の上昇という要因も大きい．自由化自体が問題なのか，自由化の進め方が不適切なのか，さらなる検証が必要であろう．

第 6 節　日本の電力自由化の政策過程と電力システム改革

日本の部分自由化の過程

日本でも 1980 年代に，中曽根康弘総理の下で新自由主義的改革が推進され，通信事業の自由化や国鉄の民営化などが実施された．電力自由化については，必ずしも歴代内閣が強力に推進したわけではなく，1990 年代に入ってから主として資源エネルギー庁が主導して進めたと考えられる．

第 1 段階として 1995 年に発電部門を自由化し，石油会社や商社といった独立系発電事業者(IPP)の新規参入を促した．第 2 段階として 2000 年からは小売り部門も部分自由化し，大口消費者は既存電力会社以外の新規参入の供給者（特定規模電気事業者，新電力）を選べるようになった．当初は特別高圧と分類される工場など大口消費者のみが対象となったが，徐々にその対象を拡大し，2005 年までには消費電力量で 6 割の市場が自由化された．

しかし，小売り市場の新規参入者の市場シェアは十分に拡大せず，2011 年

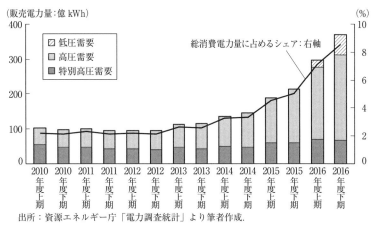

図 9-2 電力小売市場における新電力の販売電力量とシェア

度までは総消費電力量の 2% 程度(自由化分野の 3% 程度)に止まっていた(図 9-2)．その要因として指摘されたのが，発送電分離が実現されないなど，適切な競争環境が整備されなかったことである．2000 年代初頭には，第 3 段階の改革として，資源エネルギー庁の審議会で発送電分離の必要性が議論された．しかし，既存電力会社の反対が強く，安定供給を損なうとの理由で採用されなかった．全国を網羅する電力業界の政治的影響力は強く，消費者の関心も必ずしも高まらない中で，規制改革を断行しようという政治的指導力は発揮されなかった[4]．

福島原発事故後の需給ひっ迫

こうして日本では，2000 年代前半以降は電力自由化の機運が薄れ，事実上の独占状態が維持された．そのような中で，2011 年に福島原発事故が発生した．国策民営の電源による過酷事故の背景については，第 12 章で詳述するが，ここで取り上げたいのは，もう 1 つの「想定外」であった大規模な需給ひっ迫や計画停電が発生した背景である．

2011 年 3 月の大地震と津波により，福島県から茨城県にかけて太平洋岸に並んでいた，原発だけでなく大規模な火力発電所も軒並み運転停止した．1,000 万 kW を超える規模の電源脱落に見舞われ，東京電力管内(最大電力需要

は6,000万kW)では最大1,800万世帯という規模の計画停電を余儀なくされ,企業活動や消費生活に甚大な影響が生じた．その後東京電力は,火力発電所の復旧や増設に努めた．しかし年間のピーク需要を迎える夏には,改めて深刻な需給ひっ迫が生じ,電力使用制限令(コラム13)が発動されるなど,大規模な節電運動が展開された．

このため原発だけでなく,大規模な電源に依存していることの脆弱性が指摘され,全国各地に立地する再エネなどの小規模な分散型電源の価値が確認された．また,西日本では供給力が余っていたが,東西を結ぶ送電網の容量が限られており,東日本へ十分な電力融通ができなかったことから,地域別の独占体制が批判され,国内での広域的な系統運用の重要性が認識された．さらに,画一的で一方的な計画停電に対する批判が高まり,スマートメーターを活用した消費者の状況に応じた柔軟な需給調整(デマンドレスポンス)の必要性が指摘された(コラム12)．

このように,自由化の時代になっても大きく変わらなかった,典型的な「集中型」(第11章第5節)の日本の電力システムが,様々な問題点を露呈した．安定供給の名の下に守ってきた旧来の閉鎖的な電力システムが,安定供給上の危機をもたらしたのではないかといった指摘が,にわかになされるようになったのである．

■ コラム12　デマンドレスポンスとスマートメーター

　電力システムでは,需要と供給を瞬時瞬時に一致させることが重要であり,これに失敗すると停電に陥りかねない．そのためこれまで電力会社は,奔放に変動する需要を所与のものとし,供給側でこれに追従させてきた．そのためには,年間わずか数日・数時間のピーク需要(真夏の午後など)でも賄えるだけの量的に十分な発電所を建設するとともに,石油火力や揚水といった出力調整運転に優れた電源を用意してきた．その費用は,法定独占の下で回収を保証され,電気料金に転嫁されてきた．そのような電力会社の努力の結果,日本は世界的に見ても短い停電時間を誇ってきたのである．

　一方で理論上は,需給バランスの方法は供給側だけでなく需要側からも可能なはずである．供給力不足の場合にはそれに応じて需要を減らす,節電す

るということである．特に費用面を考えれば，年間で数時間のピーク需要のためにほとんど動かさないような発電所を維持するよりも，その数時間の需要を減らしてもらった方が，一定のコスト（報奨金等）を払っても合理性がある．これが，需要側からの能動的な反応により需給バランスを達成する，デマンドレスポンスの基本的な考え方である．

　これまで現実にデマンドレスポンスが広く行われてこなかった[5]背景には，多様な消費者が必要とされる時に自発的に反応してくれるだけの，誘因や情報提供がなかったことが大きい．しかし近年では，第1に電力自由化を受けて市場メカニズムを活用することが可能になった．具体的には，昼間を高くして夜間を安くする時間帯別料金や，特に需給が逼迫する時間帯の節電に報奨金を与えるピークシフト料金などが考えられる．これら自由市場を前提とした料金制度により，消費者がデマンドレスポンスに協力する可能性が高まる．

　第2に，スマートメーターなどによりタイムリーに情報を提供することも可能になった．スマートメーターとは通信機能が付いた電力量計であり，30分単位で消費電力量を計測し，送電事業者や小売り事業者，消費者にその情報を周知できる．これまでの機械式メーターは，検針員の目視による月間単位での消費量の把握しかできなかったが，スマートメーターにより時間帯別の瞬時での把握が可能になり，消費側からの精緻な反応やそれを促す料金徴収も難しくなくなった．

　現在日本では，一般家庭用の機械式メーターのスマートメーターへの置き換えが進められており，2020年までには全国的に完了する計画になっている．また，工場や店舗など大口消費者にはすでにスマートメーターが設置されており，部分的にデマンドレスポンスが始まっている．ただその規模は未だ限られており，小売り自由化などと連動してデマンドレスポンスの拡大が期待されている．

電力システム改革の推進

これを受けて当時の民主党政権は，電力システム改革を開始した．これは，

電力市場の自由化だけでなく，再エネの大量導入を想定した送電網の広域運用や，デマンドレスポンスの本格的な活用など，電力システム自体を分散型に構造改革するものと理解できる（第11章第5節）．2012年2月から始まった資源エネルギー庁の電力システム改革専門委員会での議論は，年末の政権交代を経ても継続し，2013年4月の「電力システムに関する改革方針」の閣議決定へと至った．

その後安倍内閣は，三度にわたって電気事業法を改正し，2015年4月に電気事業者の協力機関である電力広域的運営推進機関を，同年9月には独立規制機関である電力取引監視等委員会（2016年4月からは電力・ガス取引監視等委員会に改称）を設置した．さらに2016年4月に電力の小売り全面自由化を実施するなど，改革を矢継ぎ早に進めた．また，10年前には実現しなかった発送電分離については，2020年までの法的分離の実施が法定され，東京電力は2016年4月から前倒して実施した．

このように日本でも，福島原発事故を経て電力自由化が，さらにドイツ流の分散型エネルギーシステムに向けた改革が動き出したかに見える．本当にその方向に進んでいるのか，その最新の状況については，エネルギー政策の全体像を踏まえ，改めて第12章の最後に触れたい．

〈主要参考文献〉

電力自由化・電力システム改革については，拙著を始めとして複数の参考文献を示す．またこれらは現在進行中であるため，政府の関連審議会の資料や議事録も重要な資料となる．
- 高橋洋（2011）『電力自由化——発送電分離から始まる日本の再生』日本経済新聞出版社．
- 八田達夫・田中誠編著（2004）『電力自由化の経済学』東洋経済新報社．

公益事業規制を中心としたエネルギー法の包括的研究書としては，以下を参照のこと．
- 藤原淳一郎（2010）『エネルギー法研究』日本評論社．

1) その結果，現在でも電力会社の株式を地方自治体が所有していることがある．例えば，関西電力の最大の株主は大阪市である．
2) 民間企業の立場からすれば，自社の利益が大きく損なわれる政策措置に安易に同意すれば，株主から訴えられる恐れもある．
3) 卸取引市場は自由化されたが，小売り市場は自由化されなかったため，需給ひっ迫に対して小売り価格が十分に上がらず，結果として消費が抑制されなかったとの指摘がある．
4) 当時は小泉純一郎内閣であった．小泉は道路公団民営化や郵政民営化には強い政治的指導力を発揮したが，電力自由化への関心は低かったと見られる．
5) これまでにも電力会社の小売り契約メニューとして，「需給調整契約」というデマンドレスポンスに似た仕組みがあった．しかし実際には，節電要請がほとんど発動されてこなかったと言われている．

第10章
気候変動問題と環境・エネルギー政策

　産業革命以降の人類の発展の歴史は，化石エネルギーとともにあった．その化石エネルギーの時代に終止符を打とうとしている要因の1つが，気候変動問題である．気候変動問題の顕在化により，化石エネルギーが持続可能でないことは否定できないものとなり，これを基軸としたエネルギー政策は大きな転換を迫られている．最終的にエネルギー政策は，環境政策的配慮を包含せざるを得なくなっているのである．

　本章では，環境政策の観点からエネルギー問題を考える．環境政策については，環境経済学の発展と相まって，エネルギー政策よりも体系化が進んでいる．まずこの基礎的な手法や原則を理解した上で，21世紀のエネルギー政策が直面する最大の課題である気候変動について考える．その対策としての再エネと省エネの政策的推進について，また気候変動枠組み条約という国際的な仕組みについて，環境政策の原則を交えつつ考察する．

第1節　環境政策の手法と原則

規制的手法と経済的手法

　第3章第3節で触れた通り，公害などの環境問題は典型的な負の外部性の現れであり，これを是正するのが環境政策の目的である．例えば水俣病を例にとれば，チッソという肥料メーカーが有機水銀を水俣湾に排水し，それが原因となって地域住民に甚大な被害が及んだ．それは，そもそもチッソがアセトアルデヒドの製造過程で処理すべき廃棄物を適切に処理しなかったことに問題があり，その負担が供給者でも消費者でもない第三者たる被害者に転嫁されたという意味で，外部性なのである．

では，環境政策は外部性をどのような手法で是正してくれるのだろう．環境問題を起こさないという理想に立てば，事前に排水規制をかけることが考えられる．実際に政府は，水俣病が顕在化した後になったが水質汚濁防止法を制定し，基準値以上の排水を全国的に禁止した．これは，直接的に企業活動を制約するという意味で，規制的手法と呼ばれる．人命に関わるような公害の被害を阻むには，これが最も確実である．一方で規制的手法では，その制約の程度が適切かどうかを判断することは難しく，また市場介入が直接的になるため，一般に企業などからは好まれないことが多い．

　もう1つは，経済的手法である．環境政策の経済的手法とは，企業などの汚染者を直接縛ることはせず，望ましい行動を経済的に誘導することを目指す．例えば，浄化処理設備に対して補助金を出す，あるいは逆に不適切な排水に課税することで，経済的理由から適切な排水処理が促進される．経済的手法は，あくまで経済効率性に基づいて最適な資源配分の実現を目指すものであり，環境問題の対処策として費用対便益が高いとされている．また裁量の余地が与えられるため，企業からも受け容れられやすい．その反面，経済的誘因の規模を正確に予測することが難しい，あるいは補助金は市場メカニズムを歪めるといった限界もある．また，多少費用を払っても構わないと考える企業は環境問題を起こし続けるのであり，その被害が生命に関わるような場合には，倫理的に問題があるという指摘もある．

汚染者負担の原則

　情報的手法もある．企業などに環境問題の関連情報を公開させることで社会的な圧力を課し，結果的に対策が進むことを期待する．例えば，店頭で販売されている製品に環境ラベルであるエコマークを付けることで，消費者の環境意識を高め，企業もそれを意識した製品を開発するように誘導される．企業などが発行する環境報告書も，情報的手法に基づいた対策である．経済的手法よりもさらに政府の市場介入の度合いが小さく，そのため企業からは好まれやすいが，その分企業や消費者の自主性に委ねられ，政策の効果は限定的になりやすい．

　規制的手法であれ経済的手法であれ，環境政策を通して汚染者が環境問題に

まつわる費用を自ら負担するようになれば，原理的に関連する財のコストが上がる．それを受けて価格が上がれば需要が減少し，社会全体としての供給量は最適化される[1]．第三者に転嫁されていた外部費用(社会的費用)を，汚染者自身の活動の中で負担させることで，環境問題が解決されるのである．これが，外部費用の内部化という環境政策の基本的な対処方法であり，その姿勢を汚染者負担の原則と呼ぶ．

第2節 気候変動問題と温室効果ガス

気候変動問題とその要因

気候変動問題とは，世界規模での長期的な気温上昇(地球温暖化)により，干ばつや洪水が頻発したり，南極の氷が溶けて海水面が上昇したり，砂漠化が進んだりすることを指す．このように気候条件が異常に変動する影響は全世界に及び，島嶼国の住民が災害を被ったり，これまで縁が薄かった地域で感染症が流行したり，多くの動植物が絶滅に瀕したりする危険性がある．

気候変動問題については，火山活動のような自然的要因とその他の人為的要因に大別できるが，後者の中でも人間活動に伴う温室効果ガスの排出が最大の要因とされている．図10-1の通り，確かに20世紀に入ってから地球の平均気温は上昇し続けており，これと比例するように平均海面も上昇している(図10-2)．これらを裏付けるように，温室効果ガスも増え続けている(図10-3)．温室

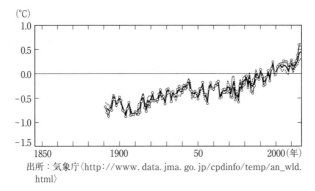

出所：気象庁〈http://www.data.jma.go.jp/cpdinfo/temp/an_wld.html〉

図10-1 世界の年平均気温偏差(全体，北半球，南半球)

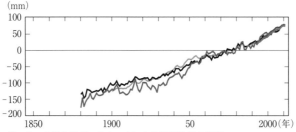

注：6つの異なるデータセットによる年平均値の推移
出所：IPCC, Climate Change 2013: The Physical Science Basis. Contribution of Working Group I to the Fifth Assessment Report of the IPCC.

図 10-2　世界平均海面水位の変化

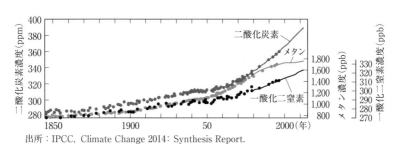

出所：IPCC, Climate Change 2014: Synthesis Report.

図 10-3　世界平均温室効果ガス濃度の変化

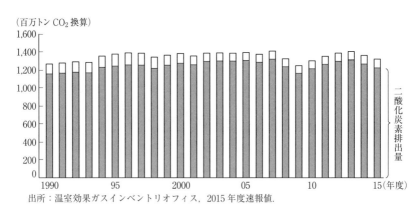

出所：温室効果ガスインベントリオフィス，2015 年度速報値。

図 10-4　日本の温室効果ガスと二酸化炭素の排出量の推移

効果ガスには，亜酸化窒素やメタンも含まれるが，その大半を占めるのが二酸化炭素である．日本ではその割合が92.6%に達する(図10-4, 2015年度)．

極めて長期的に見れば，地球は様々な気候変動を経験してきたが，産業革命以降の数世紀間における人類の経済活動により急激に排出された二酸化炭素が，世界的規模で生態系を破壊する危険性があるとされている．さらに，その二酸化炭素のうち94%がエネルギー起源である．ということは，エネルギー消費を何とかしなければ気候変動対策にならないと言えよう．

懐疑論と予防原則

気候変動問題については，未だにそれ自体への懐疑論がある．すなわち，そもそも数十億年という地球の歴史の中では，氷河期など気候変動が周期的に起きてきたのであり，産業革命以降のわずか数百年間の気温上昇は問題にする必要がない，あるいは科学的根拠が薄弱だというのである．

確かに，これから数十年，数百年後の世界において，気候変動がどの程度深刻な問題になるか，本当に化石エネルギーの影響が決定的かを厳密に証明することは難しい．そのためこれまでの気候変動問題に関する議論においても，科学的根拠は重視されてきた．国連は，IPCC(Intergovernmental Panel on Climate Change：気候変動に関する政府間パネル)を設置し，科学的，技術的，さらに経済社会的な観点から，世界中の専門家を動員して「評価報告書」をまとめるなど，科学的な分析を進めてきた．その勧告に基づいて，国際社会が合理的な対策を採るように配慮してきたのである．

そうだとしても，地球規模の超長期的な問題に関する科学的確実性に限界があるのは事実であろう．過剰に深刻に考え，無駄な対策をとってしまう可能性はある．しかしながら，その想定される被害が許容できないほど大きく広範囲にわたり，かつ取り返しがつかない程度のものになる可能性があるとすれば，科学的根拠が完全でなかったとしても，予め対策をとっておいた方が賢明と言えるだろう．これを環境政策における予防原則と呼ぶ．

第3節　気候変動問題の世界的構図

要因・被害の世界的な遍在と偏在

気候変動問題は，これまでの水俣病のような国内の環境問題とは大きく異なる複雑で難しい構図を有している．第1に，その要因となる化石エネルギーの消費は，世界中の至るところで行われている．水俣病の場合には，チッソという一企業を規制すればよかったが，気候変動問題では汚染者が多岐にわたり，特定が難しい．先進国から発展途上国まで不特定多数の汚染者を一律で規制すれば，強い反対が起きるであろう．

第2に，被害者も世界中の多岐にわたる上，必ずしも汚染(排出)地域と一致しない．被害者とは，例えば南太平洋の島嶼国キリバスの国民であったり，大型台風に襲われたフィリピンの島民であったりする．水俣病の場合ですら患者認定の問題が生じたが，これだけ気候変動問題の被害者が多岐にわたり，その被害の態様も様々であるとすれば，誰をどのように救済するかを統一的に決めるのは容易ではない．

時空を超えた責任関係

第3に，汚染者と被害者との間で因果関係を立証することは難しい．地球全体として気候変動が生じているとしても，個別の被害に対して直接的な責任を特定することはほぼ不可能であろう．特に汚染者と被害者，汚染地域と被害地域が国をまたげば，対策は進みにくい．現代の国民国家体制において，政策とは原則として国家内部で適用されるものだからである．

第4に，汚染と被害との間に時間軸上のズレがある．すなわち，気候変動問題の被害は未だ十分に顕在化しておらず，本格的に顕在化するとすれば今から50年後，100年後といった未来になるだろう．顕在化したら時既に遅しとも言えるのだが，具体的な被害が目に見えにくいからこそ，対策の必要性が差し迫っていないように感じられる．目の前に存在しない100年後の将来世代のために，現時点で対策を講じ，その費用を支払うことに，現世代の合意を得ることは難しい．

汚染と被害を結びつけることが難しい上に,第5に,南北問題といった歴史的な対立関係も対策を困難にする.気候変動問題を顕在化させたのは,主として18世紀に始まる産業革命以降の重工業化といった経済活動であり,その主役は先進国であり続けた.その結果,数世紀にわたって負の外部性が積み上げられてきたわけだが,21世紀の段階で化石エネルギーの利用が制約されれば,発展途上国には経済成長の権利が損なわれかねない.特にこれらの国々の政府は,国民に対して環境適合性よりも経済効率性(による経済成長)を訴える必要があり,簡単には受け入れられない.こうして発展途上国は先進国の責任を問うが,一方で現実に中国やインドの排出量の割合は大きく(図3-4),先進国からすれば,発展途上国が加わらない対策には実効性がないと考えられる.両者の立場の違いは大きく,適切な対策に合意するのは難しくなる.

グローバルな公共財としての地球環境

このように気候変動とは,これまでにない複雑な構図を内包した,グローバル化した環境問題と言える.地球環境はグローバルな公共財の一種と言えるが[2],政府などの公的主体が直接供給してくれるわけではない.自然環境が無償で自動的に供給してくれ,所有者が明確でないからこそ,破壊が容易に生じうる.汚染者も被害者も地球規模で分散し,その因果関係は国境と時空を超えて偏在し,特定は困難である.そのため一国家だけでは対策を取りきれず,地球規模での協力体制を必要とするが,歴史的な対立関係からそれも容易でない.

一方で,対策の方向性は明快である.地球規模で温室効果ガスの,したがって二酸化炭素の排出量を減らすということであり,そのためにはエネルギーの消費量を減らす省エネの推進と,エネルギーの低炭素化を進める再エネなどの導入の2つが柱となる.まず次節では,省エネを促進する政策について説明する.

第4節 省エネルギーとエネルギー効率の向上

エネルギー消費を削減する政策

第2章第8節の通り,省エネにはエネルギー消費の絶対量の削減とエネルギ

ー効率の向上の2つがある．消費絶対量を減らす最も確実な方法は，供給量あるいは消費量を制限することである．例えば，戦時中の配給制度のように，1カ月に買えるガソリン量や都市ガスの供給量に上限を課す．これは規制的手法に当たり，その効果は確実だが，エネルギーの必需性に鑑みれば，経済社会への影響は余りにも大きくなるだろう．2011年夏の電力使用制限令(**コラム13**)はこの一種といえるが，だからこそ消費者の不満も強かった．

■ **コラム13　電力使用制限令と規制的手法**

　2011年の夏の東京電力管内と東北電力管内では，深刻な需給ひっ迫を受けて電力使用制限令が発動された．これは，電気事業法27条に基づく経済産業大臣による電力消費企業に対する罰則付きの命令であり，契約電力500 kW以上の規模の企業や施設を対象とし，前年度比-15%のピーク電力の削減が求められた．福島第一・第二原発などの全面的な停止により，年間のピーク需要を記録する夏季の電力供給が不足することが予想されたため，大規模停電を避けるには需要側を大幅に抑制せざるを得なかったのである(第9章第6節)．石油危機の際には，消費電力量(kWh)の全体としての削減を求める電力使用制限令が発動されたが，ピーク電力(kW)の削減を求めたのは，2011年が戦後初であった．

　これは，電力の安定供給を維持するためのエネルギー政策としての一手段だが，環境政策でいうところの規制的手法の一種との解釈も可能であろう．大規模停電という社会全体の大きな不利益を回避するために，企業活動を直接的に制限したのである．2011年の際には，工場などへの自家発電機の設置に対する補助金など，経済的手法も併せて講じられた．また，東京電力や政府が電力の需給情報の公開を徹底し，広範な消費者に節電を呼びかけるなど，情報的手法も講じられた．

　結果として，多くの消費企業は電力使用制限令を遵守し，東京電力管内の2011年夏のピーク需要は2010年夏と比較して-18%の削減を達成し，大規模停電を免れることに成功した．しかし，電力使用制限令は消費企業からの評判が悪かった．生産計画の変更や生産量の削減など，企業活動に大きな制約を強いたからである．そして翌2012年の夏は，前年の節電が定着したこ

ともあり，規制的手法である電力使用制限令の発動は回避された．企業の自主的な対応に委ねられた結果，2012年の夏も十分な節電を達成し，他の地域も含めて停電は起きなかった．その背景には，産業界から政府に対して，電力使用制限令を発動しないよう働きかけもあったという．

消費量を減らす経済的手法としては，政策的にエネルギー価格を上げることが考えられる．例えば炭素税を課すことによりガソリンの価格が2倍に上がれば，消費者はガソリン代に気を使うようになり，2分の1とまではいかなくても消費量は減るだろう．福島原発事故後に日本の消費電力量が継続的に減っている原因として，当初の1,2年間は電力使用制限令という規制的手法や節電の呼びかけといった情報的手法の効果が大きかったが，それ以降は高騰した電気料金への対応という原因が大きかったという指摘がある．これは，電力会社が膨張する燃料費のためにやむを得ず料金値上げをした結果であり，それを目的とした政策ではないが，経済的要因が働いたといえる．

エネルギー効率を向上させる政策

上記の絶対量の削減を目指す手法に対して，現実的に採用されやすい政策が，エネルギー効率の向上である．例えば，エコカー減税や補助金が導入されれば，燃費の高い自動車への買い替えが期待されるだろう．この場合，価格がそれほど上昇せず，走行距離という便益を損なわずに，エネルギー消費量を減らせるため，単純な使用禁止よりも消費者には受け入れられ易い．その結果，燃費の高い車への需要の高まりに応じて，自動車メーカーも開発に注力するだろう．こうしてエネルギー効率の向上が促進される．

前述の炭素税でも，間接的にエネルギー効率の向上に寄与する．増税によりガソリン価格が上がれば，必然的に燃費の高い車の人気が高まる．燃費向上のための機器の費用対効果が上がったからである．この場合でも，自動車メーカーはその開発に投資するだろう．ただし，ガソリン代は上がっているし，自動車価格も上がるだろうから，エネルギー消費量も自動車に対する需要も減るだろう．したがって，減税や補助金と比べれば，炭素税は消費者にも自動車メーカーにも人気がない政策ということになる．ただし，公的支出がない（どころか

税収がある)うえ，消費絶対量が減るため，政策の費用対効果は高くなる．

換言すれば，炭素税の場合には，環境問題という負の外部性が生産者(自動車メーカー)や汚染者(自動車を運転するガソリン消費者)に内部化されているが，減税の場合には，生産者や汚染者の直接的な負担にならず，国庫からの費用負担に転嫁されている．前者はマイナスの経済的誘因であるが，後者はプラスの経済的誘因ともいえよう．減税や補助金は，汚染者負担の原則を満たしていないからこそ，採用されやすいのである．

規制的手法の中でも，建物の断熱基準を高めるという省エネ政策もある．住宅の断熱性能が高まれば，エアコンやガスストーブによるエネルギー消費量を減らすことができる．これもエネルギー効率の向上を促すが，そのためには初期投資の費用がかかる．もしエネルギー費用の削減額がこれを上回れば，市場ベースで受け入れられることになるが，そのような場合でも短期的には負担となる．これを経済的手法により後押しするのが，エコ住宅に対する減税や補助金である．規制的手法と経済的手法の2つを組み合わせることで，省エネ政策の効果を高めるのである．

地球温暖化対策の推進に関する法律と地方自治体

日本が気候変動枠組み条約の京都議定書(本章第6節)を国内法に落とし込んだものが，1998年に制定された地球温暖化対策の推進に関する法律(以下，温対法)である．この中では，国が「地球温暖化対策計画」(同法8条)を策定し，事業者や国民にも温室効果ガスの排出削減を求めている．と同時に，地方自治体にも政策の推進を求めており，「地方公共団体実行計画」(同法21条)の策定や，(都道府県)「地域地球温暖化防止活動推進センター」(同法38条)の設置が行われている．

これら地方自治体の活動の中心になるのが，省エネである．前述の通り，排出量削減の柱は省エネと再エネだが，エネルギーの供給側の政策は国の専管事項であり，地域ができることは限られている．一方で消費側については，各地の現場で行われるものであり，企業や消費者に直接対面するという意味で，地方自治体の役割は小さくない．そのため温対法でも，34条において省エネ法との関係が明記されている．特に大規模自治体の温暖化対策は進んでおり，東

京都は大規模事業者に削減目標の達成を義務化し，温室効果ガスの排出量取引制度も導入している．

第5節　低炭素化と再生可能エネルギー，原子力，CCS

再エネと原子力の導入

　第2の気候変動対策の柱であるエネルギーの低炭素化とは，化石エネルギーをゼロエミッションあるいは低エミッションのものに置き換えていくことを指す．その代表格は，再エネと原子力である．

　再エネについては，第11章で改めて詳しく触れるが，ゼロエミッションである上に安全性にも優れ，また純国産であり枯渇の恐れもない．一見理想的だが，エネルギー密度が低く，したがって高コストであり，現代社会の莫大なエネルギー需要を満たす主役としては頼りにならないと長らく考えられてきた．それでも欧州などを中心として，1990年前後から政策的な導入が進められたが，その際の背景要因の1つが，気候変動問題だった．発電としての利用だけでなく，地熱やバイオマスの熱利用，バイオ燃料の輸送用の利用もある．2010年代には再エネの低価格化が急速に進んだこともあり，エネルギーの主役の地位を窺おうとしている．

　逆に原子力は，1970年代の石油危機以降，化石エネルギーを代替する本命と見られてきたが，近年ではその評価は下がっている．安全性に対する懸念が払しょくされない上，放射性廃棄物の処分という根本的な問題を抱えているため，社会的受容性が低く，先進国では新増設がほぼ止まっている（図2-7）．2000年代にはゼロエミッションの特徴が再評価され，アメリカや日本で新増設の機運が盛り上がった．「原子力ルネサンス」である．そのような中で2011年に福島原発事故が起き，各国で安全基準が厳しくなった結果，先進国ではコストが増大し，新たな建設を行うことは難しい状況に陥っている．他方，発展途上国では，急増する電力需要に対応する意味からその莫大なエネルギー量への期待は根強く，中国などで新増設が進みつつある．

化石エネルギーの低炭素化

これら以外に，石炭を天然ガスに置き換えることも，低炭素化の1手段である．同じ便益を得るための二酸化炭素排出量は半分程度になるため，二酸化炭素排出量当たりのエネルギー効率が上がることになる．ただし，一般に石炭より天然ガスの方が高価格であるため，経済効率性という壁がある．

あるいは，石炭や石油をCCSと組み合わせるという手段もある．CCSは，火力発電所などから大気中に放出される二酸化炭素を回収し，地中や水中に貯留する．これは，石炭が有する経済効率性という強みを活かしつつ，環境適合性という弱みを補う方策と言える．しかし，CCS自体は追加費用になる上，技術開発が続けられているものの，現時点では経済的障壁から実用化に至っていない．また，地中にガスを戻すことによる環境への影響も懸念する声もある．

気候変動対策の具体例

これら低炭素化を推進するための政策としては，第1に補助金や税制優遇などのエネルギー源別の直接的な導入支援策が挙げられる．太陽光パネルの設置補助金が分かりやすい例だが，第11章第1節で取り上げる再エネの固定価格買取制度もその1つに該当する．

第2にそれ以外の側面的な個別支援策がある．例えば原発については立地が極めて困難であるため，政府がこれに深く関与するとともに，電源開発促進税(第12章第1節)を通して立地自治体に交付金を付与している．放射性廃棄物の最終処分についても，民間事業者だけの努力では解決の目処が立たず，政府が担当課を設置し，関与している．

第3にエネルギー源中立的に低炭素化を経済的に誘導する手法として，税制などが挙げられる．前述の炭素税がそれに該当し，消費者や供給者の市場での選択を通して，エネルギーの低炭素化だけでなく省エネにも効果がある．第1と第2は主として資源エネルギー庁が所管するエネルギー政策であるが，炭素税は通常環境省が所管する．日本では，2012年から導入されている地球温暖化対策税がこれに該当し，資源エネルギー庁が所管する石油石炭税に税率を上乗せする形で実施している(第4章第6節)．排出量取引制度も，エネルギー源中立的な経済的手法に該当する．化石エネルギーのコストが上昇する結果，低

炭素エネルギーの導入が進むのである．

　第4に政府や自治体が導入目標や導入計画を立て，事業者などにその達成を促す方法が考えられる．これを環境政策では計画的手法という（第4章第2節）．例えば2030年のエネルギーミックスの目標値を決めて，社会全体に告知するとともに，その実現を個別業界や企業に求めたり，その実現に向けて上記の施策を組み合わせたりすることが考えられる．義務付けとまではいかなくても，それが公的な目標として共有されることで一定のシグナルとなる．

　第5に，低炭素化を促進する研究開発への支援もある．原子力の研究開発には，毎年1,500億円といった予算が投入されているし，洋上風力発電の実証実験やCCSの実用化，火力発電の高効率化などにも国費が使われている．この分野についても資源エネルギー庁が中心となるが，環境省が予算を出す場合もある．

第6節　気候変動枠組み条約とパリ協定

気候変動枠組み条約の締結

　このように様々な気候変動対策が考えられるが，個別施策はいずれも国や自治体が講じるものである．現在の国際社会は国民国家体制であり，欧州連合のような限られた例を除けば，超国家機関が国家政府に政策を指示したり，実施を義務付けたりすることはできない．例えば国連が責任を持って，世界中の消費者に対して一律の排出規制をかけたり，補助金を与えたりすることは，非現実的であろう．

　そうすると，それぞれの政府が責任を持って，各国内法などに基づいて排出量を下げさせることが基本となる．しかし，それら自主的な取り組みをただ積み上げるだけでは，全体最適にはならないだろう．全ての国が最大限努力すれば地球全体が大きな便益を得られるが，自分の国が努力しなくても，他国が努力してくれれば，その国もその便益を受けられる．これがフリーライダーということであるが，このままでは効果が限られるし，不公平感も残る．これを世界規模で合意を得られる形で実施し，全体としての削減目標を達成できるかが，最大の課題である．

このような認識に基づき，1992年に国連は地球環境サミットを開催し，気候変動枠組み条約を締結した．「共通だが差異のある責任」という精神に則り，世界各国は気候変動対策に取り組むことになったのである．そしてこの条約に基づき，世界中の締結国は毎年集まってその進捗を管理することとなった．これが，締約国会議(COP：Conferene of the Parties)である．気候変動枠組み条約が政策の中長期的な方向性を示すとともに，それを実現する枠組みを構築したのである．

京都議定書の合意

1997年のCOP3京都会議において，日本政府は議長国として取りまとめに奔走し，各締約国が実行する具体的な排出削減の方策を規定する，「京都議定書」の合意に導いた．これは，2008年から2012年の第1約束期間において，欧州は8％，アメリカは7％，日本は6％といった温室効果ガスの削減目標(全て1990年比)に合意したものであり，排出削減を義務とした点で画期的であった．一方で，当時の世界の排出量の約20％を占める中国やその他の発展途上国が排出義務を負わず，またこの影響もあって同じく20％の排出量を占めるアメリカが国内で批准しなかった．結果的に，削減義務を負う国の排出量は世界全体の30％程度に止まることになった．

その後，世界の温室効果ガスの排出量は増え続け，異常気象などの問題が顕在化していく中で，国際社会は改めてより実効性のある削減方策を策定することが求められた．それが，「ポスト京都」などと呼ばれる過程である．しかし，先進国と発展途上国の対立，排出量の多い工業国と被害の拡大が懸念される国との対立など，複雑な利害が絡む中で，交渉は難航した．

パリ協定の合意

このような過程を経て，2015年のCOP21パリ会議において，京都議定書後の新たな削減方策について合意された．この「パリ協定」では，21世紀後半に産業革命からの地表平均気温の上昇を，2度を十分に下回るようにするとともに1.5度未満を目指すという，世界全体の共通目標を規定した．そして，これにアメリカや中国を含む全ての締約国が参加し，法的拘束力を持つ形で排出

量の削減に取り組むことになった.

　具体的には,アメリカの削減目標は2025年に26〜28％(2005年比),欧州は2030年に40％(1990年比),日本は2030年に26％(2013年比),中国はGDP当たりで60〜65％(2005年比)である.京都議定書のような削減義務を外し,各国が自主的に削減目標を掲げることになったため,実効性は限定されるものの,5年ごとにその目標を上方修正するとともに,その行動を共同で監視していくことにした.

各国の事情の変化

　パリ協定の交渉過程では,これまで必ずしも前向きでなかったアメリカや中国が議論を主導した点が注目に値する.これまでの過程では,環境意識の高い欧州が前向きな削減目標を掲げ,交渉を主導することが多かったが,今回は京都議定書の際などと異なったのである.その背景には,それだけ気候変動問題が現実の脅威となりつつある他に,各国の置かれた個別事情の変化があったと思われる.

　アメリカでは,シェール革命の恩恵を受けて天然ガスの価格が下がり,気候変動対策のコストが下がっている.経済効率性に基づき石炭から天然ガスへの置き換えが進んでいるのだ(第8章第5節).そのような状況に加え,オバマ大統領という環境意識の高い指導者の政治的意思の反映もあり,石炭火力発電に対する規制強化などを行ってきた.

　一方の中国は,GDPの規模が世界第2位となり,大国として議論を主導しようという意思が働いたこともあったと思われるが,それ以上に国内の大気汚染問題が深刻化していた.要するに,国内の環境対策として石炭の使用などを抑制せざるを得ない事情から,世界の気候変動問題に前向きに取り組む素地があったのである.

　これらに対して日本は,パリ協定の交渉ではほとんど指導力を発揮できなかったとの評価が根強い.その背景には,2011年の福島原発事故を経てほぼ全ての原発が停止し,再稼働の見込みが立っていないことがある.2010年のエネルギー基本計画では,原発の割合を2倍の50％に増やすことで気候変動対策とすることを決定したが(第12章第2節),その達成の目処が立たなくなって

しまったのである．野心的な削減目標を打ち出せない立場から消極的な立ち回りしかできず，またアメリカや中国の前向きな姿勢を読み間違えた面もあったと言われる．

第7節　環境政策とエネルギー政策の融合

パリ協定後の世界とダイベストメント

パリ協定については，初めて全ての締約国が取り組む枠組みができたことなどから，一般に高く評価されている．ただそれを実行に移すのはこれからである．各国が自主的に掲げている現状の削減目標では，世界全体で2度目標を達成できないと言われている．したがって，削減目標をさらに高めていくとともに，それを実現するためにエネルギー政策に大きな転換が求められている．

例えばパリ協定では，21世紀後半には人間活動による温室効果ガスの排出を実質ゼロにすることも約束された．このためには，2050年頃にエネルギー部門の脱炭素化が求められるため，世界が未だ埋蔵している化石エネルギーの3分の2は，実は（CCS等の実用化がなければ）燃やすことができないという[3]．化石エネルギーは枯渇する前に，環境政策上の制約から利用できなくなるというのである．

そのため，石炭関連の投資は回収可能性に乏しい「座礁資産」などと呼ばれ，関連事業から撤退する動きが欧米で起きている．これは「ダイベストメント」（インベストメントの反対）と呼ばれ，世界有数の保険会社や投資銀行がこれを宣言し，投資やその撤退の基準を発表している[4]．化石エネルギーはビジネス上のリスクとみなされるようになってきたのである．こうしてエネルギー政策は，環境政策上の制約から抜本的な転換を迫られている．

環境政策とエネルギー政策の融合

このように気候変動問題の顕在化により，エネルギー政策は環境政策と融合せざるを得ないとの指摘がある．20世紀のエネルギー政策は，経済系の省庁が所管し，経済成長の手段として大量消費のために安定供給を確保するという色彩が強かった．ここまでなら2Eだが，3Eとして炭素制約が加わったこと

で，環境政策的配慮を前提とすることが求められる．「持続可能な発展」という言葉があるが，経済系省庁がひたすら経済発展を優先させる政策をとり，一方で環境系省庁が環境保護を優先させる政策をとるばかりでは，非効率な上に解決につながらないというジレンマを抱えているのである．

　環境政策とエネルギー政策を合理的に融合させる手段として，2つの所管省庁を1つにするというアイディアもある．実際にイギリス政府には，2016年までエネルギー気候変動省(DECC)が存在し，エネルギー問題と気候変動問題に統合的に対処しようとしてきた[5]．デンマーク政府にも，エネルギー公益事業気候省が存在する．ドイツでも，近年まで経済省でエネルギー政策全般を所管する一方で，再エネの普及政策については環境省が所管するといったことが行われていた．

　一般に官僚制には，縦割りで縄張り意識が強いという特徴があり，その弊害が批判の対象となることも多い．日本の官僚制は特にその傾向が強いと言われ，歴史的に見ても，経済産業省・資源エネルギー庁と環境省の関係は，公害問題以来の20世紀的な対立を引きずっているように思われる[6]．気候変動という人類史上最大の環境問題を解決するために，エネルギー政策をどう作り直すか，そのためにどのような行政組織が有効なのか，新たな発想で考えることが求められていると言えよう．

〈主要参考文献〉

環境政策の基礎的な教科書としては，以下を参照されたい．
- 倉阪秀史(2015)『環境政策論　第3版』信山社．

また気候変動問題，気候変動政策については，以下を参照されたい．
- 文部科学省・気象庁・環境省『日本の気候変動とその影響』(2012年度版)．
- 亀山康子(2010)『新・地球環境政策』昭和堂．

---

1) 経済的手法の中でも補助金は，外部性を処理する費用を行政が払っているのであり，汚染者負担の原則上問題がある．
2) これを，グローバル・コモンズ，国際公共財などと呼ぶ．

3) OECD, 2015, "Divestment and Stranded Assets in the Low-carbon Transition."
4) 例えば，英 HSBC の 2015 年 4 月 16 日発表のレポート "Climate Change Global."
5) 2016 年からは企業エネルギー産業戦略省として気候変動政策も担当している．
6) 例えば，2017 年 4 月 8 日の朝日新聞朝刊では，経済産業省がまとめた地球温暖化対策案と環境省が前月に公表した同様の案との間で，「姿勢が大きく異なっている」と対立関係が指摘されている．

第11章
再生可能エネルギーとエネルギー転換

　再エネは先史時代から使われ続けてきた，人類の原始的なエネルギーと言える．しかし産業革命以降は，科学技術の粋を集めて人類がエネルギーのあり方を集中制御し，経済成長のために大規模に利用するという近代的な考え方に合わず，水力などを除けば利用されてきた量は限定的であった．しかし，第8章や第10章で見てきた通り，化石エネルギーの枯渇性や気候変動問題の顕在化により，人類のエネルギー利用のあり方を根本から考え直さなければならない事態に直面した結果，1990年代以降その価値が見直されている．

　一方で再エネは，小規模分散型で自然現象に依存するという特徴があり，単に電源を置き換えるだけに止まらない課題を有している．これは，再エネの短所や限界として批判的に捉えられることも多いが，むしろこの問題を前向きに捉え，エネルギーの需給の仕組み全体を大きく変えようという考え方もある．これが，「エネルギー転換」である．

　本章では，近年急速に導入が進む再エネを軸にして，エネルギーを巡る経済社会システムのパラダイム転換の可能性について考える．再エネの現状と課題を整理した上で，ドイツなどのエネルギー転換の取り組みやグリーン成長，デカップリングという新たな概念を紹介する．その上で，エネルギー転換が目指すと思われる分散型のエネルギーシステムについて説明し，その際に重要性を増すと見られる地域の役割についても触れる．

第1節　再生可能エネルギーと固定価格買取制度

再エネの本質的価値と短所

　既に説明してきた通り，本来再エネは3E＋Sなどに照らして極めて価値が

高いエネルギーと思われる．しかしながら，大規模水力などを除けば高コストな上，その賦存場所での利用に限られる，天候などに左右されるという決定的な短所があった．

　それが1990年前後から見直されるようになった背景には，気候変動問題の顕在化という要因が大きい．ゼロエミッション電源としては再エネと原子力が考えられるが，1986年にチェルノブイリ原発事故を経験した欧州では，それ以降原子力に批判的な声が強くなった．世界的に見ても環境意識が高い欧州では，気候変動対策として再エネの政策的導入に舵を切ったのである．またこの際には，純国産の再エネによりエネルギー自給率を高める，21世紀の新たな産業を先駆的に開拓するという産業政策的な目的もあった．

支援策としての固定価格買取制度

　再エネに対する支援策は前章で簡単に整理したが，本節では各国で採用されて大きな実績を上げてきた，固定価格買取制度について詳しく説明する．これは，再エネで発電した電気を事前に決めた価格で電力会社などが買い取ることを保証する制度である．

　一般に発電事業者は，自らの判断で卸電力取引市場や相対で売電することが求められるが，その価格は市場次第，契約次第で変動する．これに対して再エネについては，その政策的重要性から予め政府が高めの買取価格を設定し，それを20年間といった長期にわたって固定する（図11-1）．これにより，再エネ発電事業者から見れば収益がほぼ保証される．再エネ発電事業は，初期投資の割合が極めて大きい（逆に燃料費がゼロ）という特徴を持つ．それが投資リスクとなるわけだが，一方で年間の発電電力量はほぼ予測可能である．そのリスクを低減して投資を促すのが，この制度の狙いである．

再エネの優先接続，優先給電

　初期投資が大きいことが再エネの経済的リスクとすると，もう1つ技術的リスクもある．それは，再エネの発電所を建設しても，送電会社の裁量により送電網に接続されない，給電されないというものである．第9章第3節の通り，これは電力自由化に際して生じる競争阻害行為だが，特に再エネ発電所につい

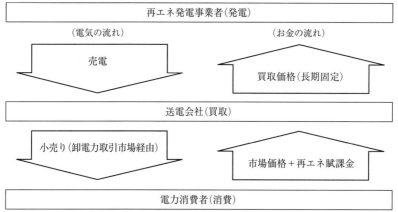

出所：筆者作成．なお，2016年度までの日本の制度では，送電会社ではなく既存電力会社を含む小売り会社に買い取りを義務付けていた．

図11-1　再生可能エネルギーの固定価格買取制度の仕組み

て起きやすい．なぜならば，一般に再エネ事業者は新規参入者の割合が高く，再エネはその出力変動性を理由に既存電力会社（送電部門）から接続を不利に扱われることが多いからである．

そのためドイツなどの固定価格買取制度では，再エネ発電設備の優先接続や優先給電も義務付けている．すなわち，再エネ事業者が送電網への接続を要請すれば，原則として送電部門はそれを拒否できない．運転が始まれば，発電した電気は全て送電システムに受け入れ（給電）なければならない．こうすることで，送電部門による競争阻害行為を防止するとともに，再エネの電気を有効利用できる．こうして，経済的リスクと技術的リスクの双方が低減されるため，再エネ事業者は安心して投資できるのである．

固定価格買取制度の長所

固定価格買取制度は太陽光パネルなどへの補助金と似ているが，異なる長所を持つ．第1に，売電に対する補助という点である．設備に対する一般的な補助金の場合には，既に設備費が軽減されているため，建設したが運転されずに放置されることがしばしばある．しかし固定価格買取制度では，発電して売電できなければ補助（後述の賦課金）も含めた収入を得られないため，事業者には

第11章　再生可能エネルギーとエネルギー転換　　193

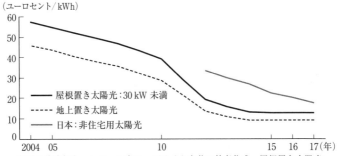

出所：独連邦ネットワーク庁ウェブサイトを基に筆者作成．屋根置き太陽光は 30 kW 未満(2012 年以降は 10 kW 未満)．2012 年以降は 4 月時点の数値．日本の買取価格は 1 ユーロ＝120 円で換算．

図 11-2　ドイツの固定価格買取制度における太陽光発電の買取価格の推移

順調に運転しようという誘因が働く．その結果，保守管理にも配慮され，確実に再エネの(発電設備だけでなく)電力の導入量が増える．本来の政策目的に忠実なのである．

　第 2 に，導入を加速しつつコスト低減を促す仕組みになっている．買取価格の算定に当たっては，設備や設置のコストに一定の利益率を上乗せする考え方がとられる．この買取価格は，太陽光パネルなどのコスト低減に応じて定期的に見直され減額されていく．同じ利益率なら早く導入する誘因が働き，その結果量産が加速されてコスト低減が進むと考えられる．図 11-2 はドイツの太陽光発電の買取価格の推移であるが，2004 年と 2017 年を比べれば，5 分の 1 程度まで下がっていることが分かる．

固定価格買取制度の短所

　最大の短所は，消費者が払う賦課金という費用負担だろう．市場価格より高い買取価格を設定する結果，その差額分を放置すれば，再エネの電力を買い取る送電会社が赤字を被ることになる．そのため幅広い消費者から賦課金を回収し，この差額分に充てる(図 11-1)．これが発電事業者への補助に該当するわけだが，一度この制度を始めると長期間固定されるため，その費用は当面の間増え続ける．また，導入量が増えて政策効果が大きくなればなるほど，それだけ賦課金の負担も増えるという構図にある．

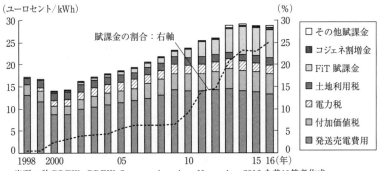

図11-3 ドイツの家庭用電気料金の推移と内訳

ドイツは2000年から固定価格買取制度を始め，2015年度の再エネ導入率が30％を超える大きな成果を上げたが(図11-4)，その結果賦課金の割合は家庭用電気料金の25％を占めるまでになった(図11-3)．再エネに対するドイツ国民の支持は強いものの，この賦課金が電気料金高騰の大きな要因となっており，不満が高まっている[1]．

もう1つの固定価格買取制度の短所は，政府による買取価格の設定が難しいという点である．政府が太陽光パネルの市場価格など再エネのコストを調査して価格設定するわけだが，それは言うほど簡単ではない．買取価格が高すぎると大量に導入されるが，その分賦課金負担が大きくなる．低すぎると導入が進まず，政策目的を達成しない．政府が公定価格を決めて供給量をコントロールしようというわけだが，これが上手くいかなければ制度が暴走することもあるため，市場メカニズムを重視する経済学者などからは批判されることもある．

図11-3で2010年から2013年にかけてドイツの賦課金が急増したのも，太陽光の買取価格が高すぎて予想以上に投資が殺到した(図11-4)結果である．要するに，固定価格買取制度の適切な運用は言うほど容易ではなく，ドイツは比較的成功している方だが，スペインのように短期間で投資が集中した結果，負担に耐えきれずに買い取りを停止した例もある．

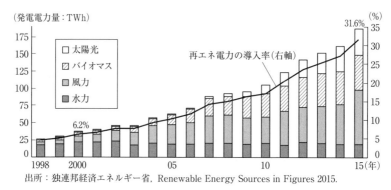

図11-4 ドイツの再エネ導入量と導入率の推移

第2節 再生可能エネルギーの世界的導入と日本の状況

再エネの世界的な大量導入とコスト低減

このように固定価格買取制度には課題もあるものの，実施した国は数十カ国に及び，再エネの導入という意味では大きな成果を上げている[2]．2000年に固定価格買取制度を開始したドイツは，当時水力3.7%を含めて6.2%しかなかった再エネ電力の導入率を，2015年には水力3.2%を含めて31.6%にまで高めた．2020年に35%という国家目標を前倒しで達成することになるだろう．この間，水力の割合は適地の関係からほぼ横ばいであり，風力，バイオマス，太陽光の3つが順調に増えてきたことが分かる(図11-4)．

ドイツを先駆者とすれば，近年では新興国での再エネの導入が目覚ましい．世界の主要国の風力と太陽光の設備容量の推移を示したのが，図11-5・図11-6である．2000年代には概ね欧米先進国が上位を占めていたが，近年は中国やインドなど新興国の導入量が急増していることが分かる．特に中国は近年風力で圧倒的な世界一を維持しており，太陽光でも2015年に世界一となった．

その背景にあるのは，太陽光発電や風力発電のコスト低減である．2016年には，売電契約の競争入札において，モロッコで風力が3米セント/kWh，UAEで太陽光が2.42米セント/kWhという記録的な低価格で落札した．これらは砂漠で日射量が大きい上，土地代がほとんどかからないといった特殊な例

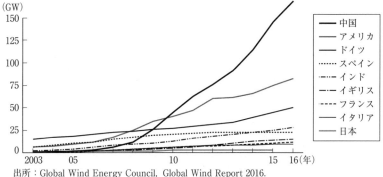

出所：Global Wind Energy Council, Global Wind Report 2016.

図 11-5　主要国の風力発電の累積設備容量

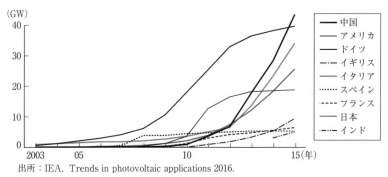

出所：IEA, Trends in photovoltaic applications 2016.

図 11-6　主要国の太陽光発電の累積設備容量

であるにせよ，再エネは裕福な先進国が無理に導入するものではなく，純粋に価格競争力の観点から魅力的な投資対象となってきているのである．

日本における再エネ導入の課題

　日本でも，2011 年に再エネ特措法を制定し，2012 年 7 月から再エネの固定価格買取制度が導入され，太陽光発電を中心に大きな成果を上げている（図 11-7）．これにより太陽光の設備容量で世界第 3 位になっている（図 11-6）が，いくつかの課題が生じている．

　第 1 に，10 kW 以上の非住宅用太陽光に偏り，他の再エネ電源が増えておらず，多様な電源をバランスよく導入する観点から問題がある．これは，太陽

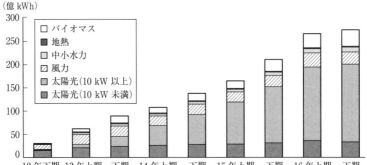

図11-7　日本における再エネの買取電力量の推移(半期ごと)

光の買取価格が比較的高かったこと(図11-2),太陽光発電設備の設置工事期間が短く,技術的に新規参入者にも取り組みやすいことなどが要因である.

　第2に,急速な導入は政策目的上望ましいのだが,想定よりも速く賦課金負担が重くなっている.賦課金の合計は,2012年度は1,306億円だったが,2015年度には1.3兆円,2016年度には1.8兆円に達するという.買取価格が相対的に高い太陽光に偏ったことも一因であるが,電気料金の10%を占める規模に達しており,適切な管理と抑制が求められている.

　第3に,制度運用上の複数の問題が表面化している.例えば,年に1回の価格改定のため,年度末に設備認定の申請が殺到する,設備認定を取得しただけで(コスト低下を待って)運転開始しない滞留案件が多数存在するといったものである.これらは手続きルール面で改善の余地があり,政府は再エネ特措法を改正し,2017年4月から上記の問題に対応した新たな仕組みを実施した.

　第4に,太陽光を中心とした急激な導入により,系統運用上の問題が生じている.送電網を所有する電力会社が,再エネをこれ以上接続することは安定供給上問題があると主張した結果,系統接続の容量制限が設けられ,それを超える場合には出力抑制を無制限にできるルールに,2015年1月に改定された.無補償の出力抑制が無制限に課せられる可能性があるということは,固定価格買取制度の下での投資の確実性を大きく下げる効果があり,再エネ事業者の金融機関からの融資が下りにくくなるなど,その影響が出ている.

第3節　風力・太陽光の出力変動問題

送電網の広域運用

　再エネが経済効率性を満たすようになったとすれば，残るは出力の変動性という安定供給上の課題である．いくら環境適合性があり，エネルギー自給に寄与するとしても，停電を引き起こすようでは，エネルギー安全保障を満たすとは言えない．これが日本では，前述の出力抑制ルールにつながったわけだが，はるかに再エネの導入率が高い欧州では，どうなっているのだろうか．
　デンマークやドイツといった，風力や太陽光の割合が発電電力量の20％を超えるような国々(日本は4％程度)で採られている基本的な対策は，送電網の広域運用である．ある限られた場所で太陽光発電が大きく出力変動するとしても，地域全体あるいは国全体で見ればその変動幅はかなり均される．これを「平滑化効果」と呼ぶが，これに風力も組み合わせればその効果は高まる[3]．さらに水力や火力といった出力調整可能な電源もあるし，需要側も変動する．
　要するに，狭い地域で需給を一致させるのは困難だが，広い地域になれば様々な手段を組み合わせることができ，システムとしての柔軟性を高めることができる．そのためには，地域間を送電網でつないで電気をやりとりすればよい．風力が発電し過ぎれば他地域へ余剰電力を送り，太陽が陰れば他地域から電力を受け入れるのである．この広域運用は，変動電源の多寡にかかわらず安定供給のために重要だが，その割合が増える時代には極めて有効な手段となる．

送電会社の重要性

　そのためには，送電会社が独立していることが必要条件となる．第9章で説明した通り，発送電一貫体制のままでは，発電分野の競合他社を利するような行動を採りにくい．発送電分離後に安定供給に責任を持つのは送電会社であり，これが純粋に送電事業の立場から能動的に対策に取り組む環境が必要である．特に水力を除く再エネについては，新規参入者が手がけることが多く，既存電力会社は原子力や石炭火力といった大規模集中型電源に強みがあるため，経験上からもその出力変動性を問題視することが多い．単純な自由競争のためにも

発送電分離は不可欠であるが，再エネの割合が増える時代には，なおさら送電会社の独立が必要とされるのである．

とはいえ，送電網の建設には長期間を要し，費用も莫大になる．ドイツのように，風力発電の適地である北部から巨大需要地である南部への送電網の建設が，地域住民の反対などにより遅れている例もある．NIMBY：Not In My Backyard[4]という言葉があるように，国民全体にとって便益があっても，特定の地域住民が反対することが往々にして生じる．社会的受容性によっては，送電網のコストが上がりかねない．

欧州などでは，風力や太陽光といった変動電源の比率が30％程度までは，広域運用を中心とした既存の対策により概ね対処できると考えられている．しかし，10年後などにそれを超えるような割合に達した場合には，新たな対策も組み合わせる必要があるだろう．例えば，蓄電池を利用する，余剰電力を水素エネルギーに変換して貯蔵する，需要側を調整する(デマンドレスポンス)といったことが挙げられる．技術面でも経済面でも不確実性は高く，さらなる技術革新や実証実験などが求められる．

第4節　ドイツのエネルギー転換とグリーン成長

ドイツのエネルギー転換

2000年代に入って再エネが本格的な普及期に入るにつれ，化石エネルギーにも原子力にも依存しない社会へ向けた構造転換が模索されつつある．それが，ドイツなどが主導する「エネルギー転換」(ドイツ語でEnergiewende，英語でEnergy Transitionなど)である．これは，エネルギー政策という範囲内に止まらず，気候変動政策を包含することはもちろん，次世代に向けた産業政策であり，国家戦略とも言える．

3Eがトリレンマであることは，第3章第5節で触れた．化石エネルギー，原子力，水力を組み合わせ，ベストミックスと呼んだところで，中長期的には持続可能ではない．化石エネルギーは二酸化炭素を排出するし，いずれは枯渇する．では原子力に頼りたいところだが，ウランもいずれ枯渇する上，放射性廃棄物の最終処分を含む安全性への懸念という根本的な問題が解消されない．

だとすると,第1に省エネによりできる限りエネルギー消費自体を減らす.第2に必要なエネルギーは原則として再エネで賄う.まさに,前章の気候変動対策を徹底させるのと同じ答えになるわけだが,問題はそれが実現可能なのかということだ.

ドイツでは,以前から国民の環境意識が高かったが,特に1986年のチェルノブイリ原発事故以降,再エネの大量導入を求める声が高まるようになった.1991年に電力供給法が,2000年にこれを受け継いだ再エネ法が制定され,再エネ電力の買い取りという方法で,原子力や石炭などへの依存度の低減が進められた.これと平仄を合わせるように,2000年に社会民主党(SPD)を中心とするシュレーダー政権の下で,2020年頃までの脱原発が電力会社との間で合意された.このような過程を経て,エネルギー需給構造の抜本的な転換という意味で,エネルギー転換が叫ばれるようになったのである.

メルケル政権と福島原発事故

そして2010年にキリスト教民主同盟(CDU)を中心とするメルケル政権は,2050年までの長期的なエネルギー戦略である「エネルギー・コンセプト」を発表した[5].エネルギー転換を実現するために,再エネと省エネを最大限加速する具体的な目標を掲げる(表11-1)とともに,その手段として,送電網の拡充やエネルギー貯蔵設備の設置,建物の断熱性能の向上などを明記した.

と同時にメルケル政権は,10年前に決めた脱原発の年限を先延ばしし,2035年までとした.大胆な長期目標と構造改革を掲げる一方で,既存電力会社にも配慮してエネルギー転換の時間軸に余裕を与えたのである.

表11-1 ドイツのエネルギー・コンセプトにおける数値目標

	2020年まで	2030年まで	2040年まで	2050年まで
温室効果ガス排出削減(1990年比)	40%	55%	70%	80-95%
再エネ比率(最終エネルギー消費)	18%	30%	45%	60%
再エネ比率(電源ミックス)	35%	50%	65%	80%
1次エネルギー消費削減(2008年比)	20%	―	―	50%
電力消費削減(2008年比)	10%	―	―	25%
運輸部門の最終エネルギー消費削減(2005年比)	10%	―	―	40%

出所:独連邦経済技術省・環境省,Energy Concept, September 2010.

しかしその1年後に福島原発事故が発生したのは，誠に皮肉な結果としか言いようがない．遠く離れた先進工業国の過酷事故に接し，世界で最も鋭敏に反応したのは，ドイツ国民であった．脱原発を求める声が全国的に高まり，緑の党などの野党の支持率が高まったことを受けて，メルケル政権は国内の7基の老朽原発の即時廃炉を決定するとともに，残る9基の運転終了年限を2022年までと，脱原発の時間軸を元に戻した．その閣議決定は2011年6月に行われ，8月には原子力法が改正されたことにより，エネルギー転換はほぼ全ての政党が支持する国家政策として確定されたのである．

環境投資によるグリーン成長

　このような政策は，一見理想主義的に過ぎ，現実的でないと思われるかもしれない．しかしドイツ政府は極めて戦略的な意図を持って進めている．すなわち，このような新たなエネルギーシステムは，気候変動問題に直面する21世紀の世界のモデルになると考え，そこに他国に先駆けて自国内で投資することにより，新たな産業を興し，国際競争力も高めようというのである．

　これまでは，環境対策にはコストがかかり経済成長にマイナスになるため，両者はトレードオフの関係にあると考えられてきた．これに対して，むしろ再エネや省エネといった環境に優しい分野に積極的に投資することで，技術革新を誘発し，新たな雇用を生み，「緑の経済成長」を実現するというのである．このような考え方を，グリーン成長と呼ぶ．これまでとは逆転の発想をしているのである．

　グリーン成長の実績は，「グリーン雇用」などと呼ばれる，再エネや省エネに関連する産業の雇用者数からも確認できる．IRENAによれば，再エネ関連産業が世界で産み出した雇用者の数は810万人に達する（図11-8，2015年）．この数値の意味するところとして，例えば最多の中国は352.3万人だったが，これは同国内の石油・ガス関連産業の260万人を上回るという．再エネへの投資は経済発展に寄与するのである．

　このような考え方の背景には，再エネが純国産のエネルギーだということが大きい．化石エネルギーの輸入に依存する限り，そのエネルギー費用の主たる部分は燃料費として産油国などの海外に支払われる．しかし再エネは国内の，

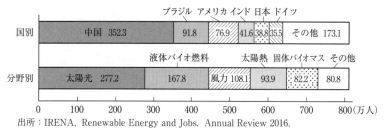

出所：IRENA, Renewable Energy and Jobs, Annual Review 2016.

図11-8 再生可能エネルギー関連の分野別・国別の雇用者数(2015年)

地域に根ざした(無料の)エネルギーであるため,その関連費用の多くは設備投資や保守点検の人件費のためにその地域に支払われる.仮に太陽光パネルが中国製でも,建設の労務費や資材費は国内の割合が高くなる.だとすれば,全体としては割高であったとしても,雇用が増えるといった社会的便益は大きいというのである.

経済と環境のデカップリング

果たして,本当に環境投資を拡大することにより,経済成長を維持できるのだろうか.これまでは,経済成長にはエネルギー消費の拡大が不可欠であり,それに伴って必然的に二酸化炭素の排出も増えるというのが,一般的認識であった.低炭素化に投資することは,経済成長を阻害する不要なコストと考えられてきたのである.

しかしドイツは,図11-9の通り,日本以上に経済成長しつつ,エネルギー消費(供給量)や二酸化炭素の排出量を減らすことに成功している.化石エネルギーを再エネに転換させ,この分野で雇用を生み出すとともに,断熱性能の高い建物に投資することで,エネルギー効率を高めたのである.

これを,経済成長と二酸化炭素排出(あるいはエネルギー消費)のデカップリング(decoupling)と呼ぶ.これまで両者は比例しており,カップリングしていた.経済成長をすればするほどエネルギー消費も増え,気候変動問題の悪化を招いていたわけだが,両者を切り離すことができれば,3Eのトリレンマの解決策が見えてくる.日本でも,ドイツほど明確ではないものの,リーマン・ショックや福島原発事故後のエネルギー消費減を経て,近年ではややデカップリング

第11章 再生可能エネルギーとエネルギー転換 203

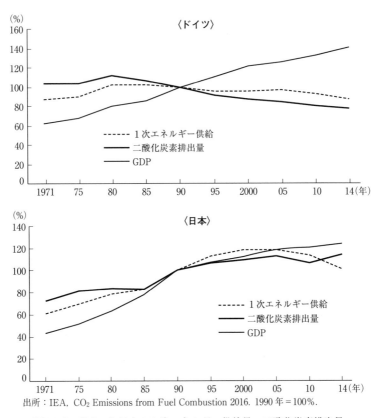

図 11-9　ドイツと日本の 1 次エネルギー供給量，二酸化炭素排出量，国内総生産の推移

の傾向が見えつつある（第 1 章第 6 節）．

　ドイツ以外にもデンマークやスウェーデンなど，再エネの高い導入目標を掲げ，化石エネルギーから再エネへ，産業構造自体を低炭素なものへと，政策転換を進めている国は少なくない．このような国では，ドイツと同様にデカップリングのグラフを示すことができる．他方で原子力については，フランスのように今後も大きく依存していく，イギリスのように新増設して一定程度を活用していくといった国もあり，その政策判断は分かれている．

エネルギー転換への懐疑論

エネルギー転換には懐疑論もある．再エネのコストは未だに高いためドイツのように電気料金が高騰する(図11-3)，出力の変動性が電力の安定供給を阻害する，さらには産業構造の転換は容易ではなく不況をもたらすといったものである．実際に，2000年代に太陽光パネル製造業で世界を牽引したドイツでも，一時は世界最大となったQセルズが2012年に，その後も国内生産にこだわったソーラーワールドが2017年に破綻した．太陽光パネルはいわゆるコモディティー化が進み，中国メーカーなどとの価格競争に勝てなくなったからとされている．そのため，先進国ではグリーン雇用は思ったほど増えていないとの指摘もある．

また，ドイツには可能でも日本には不可能との意見もある．ドイツには国内に石炭資源があるからエネルギー自給率を気にせずに脱原発ができる，あるいは陸続きの隣国と送電網でつながっており，フランスから原子力の電気を輸入できるから[6]，安定供給を気にせずに再エネを増やせる，といったものである．

第5節　地域主導の分散型エネルギーシステムとエネルギー自治

集中型から分散型へ

ドイツのエネルギー転換の2本柱は，石炭火力や原子力を再エネに置き換えることと，エネルギー効率を抜本的に向上させ，消費量自体を減らすことである．これらがシステム全体として目指すのは，エネルギー需給のあり方の「集中型」から「分散型」への転換であると考えられる．

集中型とは，原子力や石炭火力，水力といった大規模なエネルギー源を意味するとともに，中央に位置する管理者がそれらを階層構造的な秩序の中で集中制御する仕組みも包含する．これまでの垂直統合的な電力システムがその典型例だが，化石エネルギーを海外からの大量輸入に頼ったシステムもこれに近いといえるだろう．同質的な財を大量に供給し続ける仕組みとしては，一見効率性が高いように見えるが，中央の管理者が機能不全に陥ると，システム全体が危機に陥りかねないという脆弱性も抱える．それが顕在化したのが，福島原発

事故後の需給ひっ迫であった(第9章第6節).

　これとは対照的に分散型とは,再エネやコジェネといった小規模のエネルギー源を意味するとともに,その立地が多様な地域に広く分散し,それらを水平的にネットワークでつなぎ,自律的に協調する仕組みも指す.多数の新規参入者が現れるとともに,消費者も「プロシューマー」[7]としてエネルギーの需給に関与することが期待される.部分部分は小さく弱いかもしれないが,それらが密接に協調できれば相互に補い合うことができ,システム全体として大きな柔軟性を生み出せる.通信分野における固定電話網からインターネットへの転換が,分散型の革命などと呼ばれたが,エネルギー分野でもこのような革命的変化が,すなわち分散型エネルギーシステムへの転換が,起きるのではないかというのである.

地域の役割の重要性

　本書でこれまで紹介してきたエネルギー政策の多くは国が所管するものであり,その事業主体は都市に本社を置く大企業が中心であることが多かった.それは,海外から輸入する化石エネルギーに依存し,国内でも原子力や水力といった大規模な発電設備が優先されてきたからである.また,法定独占体制が維持されている場合には,国が事業法に則って一括で事業者を規制するため,地域企業が参入して独自性を発揮したり,消費者が意思表示したりする余地が小さかった.

　しかし分散型エネルギーシステムでは,地域に根ざした中小企業や市民団体でも,事業に参入できる.例えば太陽光発電においては規模の経済性は低い(パネル1枚から設置可能)ため,小規模でも採算性を確保しやすい.また,地熱や小水力といった地域的制約を受ける再エネの場合には,その地域からNIMBYと見なされることもあるが,自治体などが地域内の利害調整を担うことにより,対立の円滑な解消が期待される.バイオガスの熱利用においては,長距離の運搬は難しいからこそ,地域の熱需要のあり方を十分に考慮した事業を構築する必要がある.

　こうしてエネルギー事業に地域が関わる余地が大きくなると,その利益や雇用は地域にも還元され,グリーン成長が地域で実現される.近年日本の多くの

表11-2　集中型エネルギーシステムと分散型エネルギーシステム

	集中型システム	分散型システム
エネルギー(電源)	集中型エネルギー中心	分散型エネルギー中心
事業主体	大企業・独占企業	地域企業，NPO
政策主体	国	地方自治体＋国
原理	独占・計画：規模の経済性	競争・市場＋自律・協調
ネットワーク	集中管理・階層構造	分散開放・メッシュ状
消費者の役割	受動的・限定的	能動的・多様化：プロシューマー
環境適合性	低い：廃棄制約(放射能，炭素)	高い：低炭素，安全，自然調和的
地域との親和性	低い	高い：農林水産業との相乗効果
経験・歴史	長い：確実性	短い：不確実性

出所：大島・高橋(2016)を基に，筆者作成．

地域が人口減や雇用減に苦しんでいるが，分散型エネルギーは地域活性化の有力な手段として近年脚光を浴びるようになった．

このように考えれば，エネルギー転換は集中型から分散型へのシステム転換に他ならず，結果として単にエネルギーの種類が置き換わるだけでない，経済社会システムの構造転換につながると予想される．国から地方へ，独占企業から地域企業へ，さらに消費者・市民へと，主役が大きく代わり，社会の仕組みや原理も構造的に変わるというのである．これらを対比したのが，表11-2である．

デンマークやドイツにおけるエネルギー自治

このような社会構造改革に先んじているのが，デンマークやドイツである．例えばデンマークでは，原発の建設を国民的議論の末に否決した1980年代から，平坦で風が強いという国土環境を活かし，風力発電やバイオマス・コジェネの導入を進めてきた．政策的には，発電事業者が風車を建設する際に，そのプロジェクトの20％以上の権利(出資)を地域住民に割り当てるように義務付けることで，地域との融和を促してきた．その結果，デンマークの国土には分散型電源が至る所に立地するようになった(図11-10)．まさに，分散型システムの構築が進んでいると言える．

ドイツでも，再エネ設備の所有者の約半数が，個人事業者や農家などの小規模事業者であるという．また農村地域では，木質バイオマスやバイオガスを使

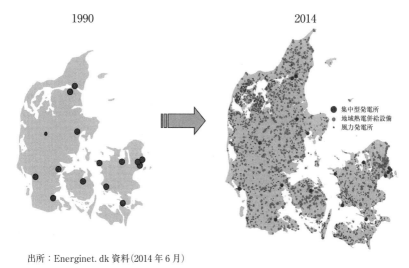

出所：Energinet.dk 資料（2014 年 6 月）

図 11-10　デンマークにおける集中型から分散型への移行

ってコジェネを行い，地域のエネルギー供給の 100％ 以上を賄うといった，「エネルギー自立村」の例が多数ある[8]．地域資源に依存する林業や酪農業とエネルギー事業が，相乗効果を上げているのである．また自由化を受けて，市民が再エネに特化した発電事業(コミュニティパワー)や小売り事業を始める例もある．さらに，地方自治体が一旦は民営化に伴い売却した公営電力会社を，市民などの要望を受けて改めて買い戻すといった例も出ている．

　このように欧州では，地方自治体や地域コミュニティ単位でエネルギー事業に取り組み，地域経済の活性化や市民のエネルギー選択を実現しようという動きが強まっている．これらを，エネルギー自治（Energy Autonomy）あるいはエネルギー自立（Energy Independence）などと呼ぶ．

　とはいえ，分散型エネルギーシステムへ向けた地域主導の取り組みはまだ始まったばかりであり，不確実性は高い．先んじるドイツでも，再エネの比率は電力で 31.6％，最終エネルギー消費全体では 13.2％ に過ぎない[9]．今後これらをさらに高める目標になっているが，再エネの変動対策や社会インフラを含むコスト増について懸念が残る．また地域レベルでのエネルギー自治の取り組みが，他地域における売り上げや雇用を移転させるだけでは，その意義は半減し

てしまう．各地域の取り組みがどれだけ相乗効果を発揮し，一国全体としても便益を増大しうるのか，要するに部分最適に留まらず全体最適を達成しうるのか，不明確な部分が少なくない．エネルギー転換は，一部の国や地域で始まったばかりの取り組みであり，今後さらなる検討と検証が必要であろう．

第6節　日本におけるエネルギー自治へ向けた取り組み

福島原発事故と日本のエネルギー自治

　前述の通り，日本では長らくエネルギー政策は国の専管事項であり，地方自治体や地域企業が関与する余地は限られていた．要するに，エネルギー自治は極めて弱かった．しかし，第12章で詳述する福島原発事故を経て，地域主導の動きが活発化し始めている．

　欧州におけるエネルギー自治の動きが，1980年代以降の気候変動問題の顕在化や反原発運動の中から徐々に盛り上がっていったことと比べれば，日本のエネルギー自治は福島原発事故によって急に呼び起こされたと言えよう．過酷事故によって地域コミュニティが甚大な被害を受けたことを目の当たりにし，これまでの国のエネルギー政策に異論を唱え始めたのは地域住民であり，地方自治体であり，消費者としての市民であった．

　例えば第1に，ご当地電力（コミュニティパワー）の盛り上がりを挙げることができる．ご当地電力とは，地域性を訴求しつつ再エネ発電事業を担う新規参入者を指す．特に福島原発事故後に，静岡市，宝塚市，会津若松市，徳島市，小田原市などで，地域の市民やNPOなどからこのような事業主体が立ち上がった．それまで日本は，再エネの導入に遅れを取ってきたが，2012年7月に固定価格買取制度が施行されたことが，このような動きを後押しした．地方自治体もこれに続いた．徳島県，兵庫県，神奈川県など多くの自治体が，遊休地などを活用して自らソーラーファームを建設した．

　第2に，2016年の小売り全面自由化を受けて，多様な地域主体が電力小売り事業に参入している．静岡県浜松市，鳥取県米子市，福岡県みやま市など，地域企業が主体となり自治体が出資する「自治体新電力」が多数登場し，地元の太陽光発電から電力を調達するなど，地域性を競い合うようになりつつある．

日本のエネルギー自治の展望

　このように日本でも，エネルギー自治へ向けた動きがにわかに活発化しつつあるが，今後の展開を冷静に観察する必要がある．背景となる再エネの導入や自由化も遅れており，系統接続の問題などそれほど事業環境が整備されているとは思われない．また，自治体がエネルギー政策に関与しようと思っても，そのようなノウハウの蓄積はなく，人材育成から始めなければならない．自治体新電力についても，十分な経営基盤を確立できなければいずれ淘汰される可能性も否定できない．

　一方で国も一部では，このような地域主導の動きを支援する姿勢を示している．例えば農林水産省は，農山村地域の林業や畜産業の振興の観点から，地域におけるバイオマスなどエネルギー事業への支援を強化している．また総務省も，地方創生の観点から，熱供給インフラへの支援を行っている．このような地域主体や自治体による取り組みは始まったばかりであり，エネルギー政策の観点だけでなく地方自治や行政学の観点からも興味深く，さらなる研究が待たれるところであろう．

〈**主要参考文献**〉

　再生可能エネルギーと固定価格買取制度などその支援策については，以下を参照されたい．
- 大島堅一(2010)『再生可能エネルギーの政治経済学』東洋経済新報社．

ドイツなどのエネルギー転換については，下記が参考になる．
- 寺西俊一・石田信隆・山下英俊編著(2013)『ドイツに学ぶ　地域からのエネルギー転換　再生可能エネルギーと地域の自立』家の光協会．
- 新澤秀則・森俊介編(2015)『エネルギー転換をどう進めるか〈シリーズ環境政策の新地平 3〉』岩波書店．

分散型エネルギーシステムについては，拙著を参考にされたい．
- 植田和弘監修，大島堅一・高橋洋編著(2016)『地域分散型エネルギーシステム』日本評論社．

1) 電力多消費産業については，国際競争の観点から賦課金負担が減免される制度になっており，そのしわ寄せ(減免される分)が一般消費者の料金をさらに上昇させ，不公平感を生んでいるという要因もある．
2) IEA の Trends in photovoltaic applications 2016 によれば，太陽光発電に対するこれまでの導入策のうち，63.5% を固定価格買取制度が占めている．これに続くのが補助金や税制優遇で，19% を占める．
3) 一般に風力は夜間に発電電力量が増える傾向にあり，一方で太陽光は昼間しか発電しない．
4) NIMBY(ニンビー)とは，特定の施設の社会的必要性は一般に認められているものの，その地域住民にとっては迷惑施設となるため，その設置や建設に反対する姿勢やその現象を指す．
5) この副題は，「環境に優しく，信頼性が高く，求めやすい価格のエネルギーシステムのために」となっている．3E の実現を目指しているのである．
6) なお，ドイツは原則として電力の純輸出国である．2015 年には，国内の発電電力量の 14.7% を輸出し，消費電力量の 6.5% を輸入した(ENTSO-e, Statistical Fact Sheet 2015)．確かにドイツはフランスから電気を輸入しているが，輸出してもいる．それは，欧州の電力市場が国境を越えてつながっているからである．
7) 「プロシューマー」とは，未来学者のアルビン・トフラーによる，producer と consumer とを掛け合わせた造語．受動的だった消費者が，商品の企画・開発に関わったり，生産活動を行ったりするなど，新たな行動様式を持つようになることを指す．トフラー(1982)を参照のこと．
8) 滝川(2012)等を参照のこと．
9) 独連邦経済エネルギー省, Renewable Energy Sources in Figures 2015. ともに 2015 年の数値．

第12章
福島第一原発事故と日本のエネルギー政策の展開

　戦後の日本のエネルギー政策では，二度の大きな危機があった．一度目が，第8章の主題であった1970年代の石油危機である．エネルギー安全保障の重要性が再認識され，省エネが飛躍的に進み，原子力開発も加速化された．二度目の新しい危機が，2011年の東京電力福島第一原発事故である．これにより，今後原発をどうするか，より幅広く再エネや電力自由化にどう対応していくかという課題が，国民全員に突きつけられたのである．

　第Ⅳ部最後の本章では，原子力の問題を軸にして，近年の日本のエネルギー政策の展開について考えたい．国策民営と呼ばれる原発の開発手法を振り返った上で，福島原発事故への対応，それを受けた政策論議を見ていく．環境政策の原則を援用して過酷事故の責任と負担のあり方を考察するとともに，政策転換の過程についても分析する．

　福島原発事故後の政策過程は現在進行中であり，今後も様々な紆余曲折が予想される．非常に難しい問題であり，異なる立場から様々な意見もある．やや筆者の個人的見解が強く出ているかもしれないが，読者がそれぞれの立場からこの現代日本が直面するエネルギー問題に対して，自らの意見を持ってもらいたい．

第1節　原子力開発における国策民営と電源三法

国策民営の原子力開発体制

　1950年代から原子力開発が始まった経緯については，第8章第3節で触れた．その特徴的な推進体制は，「国策民営」と呼ばれる．本書では，市場の役割と政府の役割との相克が1つのテーマであるが，改めて考えると，原発事業

における国策民営とは何だろうか．

　何度も繰り返す通り，電力は（自然独占性は高いものの）公共財ではなく，政府が例えば国営で供給する必然性はない．民間電力会社が事業主体になっているから「民営」なのであるが，どうしてそれと「国策」が結合される必要があるのか．水力や火力については，国策民営とは呼ばない．どうして原子力だけについて，国を挙げて取り組む必要があるのであろうか．

　それは第1に，エネルギー安全保障上の価値が極めて高いからであろう．化石エネルギーを大きく海外に依存している日本にとって，核燃料サイクルにより準国産となる原子力は不可欠とされる．一般に安全保障は公共財であり，エネルギー安全保障もその一種とすれば，政府が主体的に関与する正当性を見出せる．

　第2に，原子力工学といった分野の高い技術力を必要とするからであろう．技術立国でものづくり大国である日本にふさわしい電源が原子力であり，その基礎研究には正の外部性が働くため，政府自らが取り組む根拠になる．だからこそ，旧科学技術庁や国立の研究機関が置かれてきた．

　第3に，軍事に関係するからであろう．核不拡散は軍事安全保障上の概念であり，原子力協定はアメリカなどとの外交上の合意事項になる．また原発は，核兵器に不可欠な濃縮ウランやプルトニウムを扱うため，その技術力や産業基盤自体が軍事上の抑止力になるとの意見もある．これらも公共財の一種であり，このような高度に政治的な課題については，国家政府しか責任を持てない．

電源三法と原子力予算

　このような特徴と価値を持つ電源は，原子力以外に存在しない．だから原発は国策なのであり，日々の事業経営は民が営むかもしれないが，その全体的な方向性と事業環境の確保には国が責任を持つ．それが原子力政策であり，その政府関与の核となる手段が，1974年に制定された電源三法，すなわち，発電用施設周辺地域整備法，電源開発促進税法，電源開発促進対策特別会計法からなる，原発を財政的に支援する仕組みである．田中角栄元総理が成立に尽力したと言われており，ガソリン税などから道路特定財源を作り出す仕組みとよく似ている．

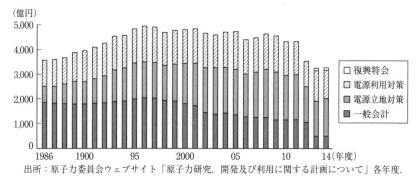

図 12-1　原子力予算の推移

電源開発促進税は，販売電力 1 kWh 当たり 0.375 円（電源開発促進税法 6 条，家庭用電気料金の概ね 2% 弱）程度を消費者に課す．その税収は特別会計に集められ，電源開発，特に原子力の開発に充てる財源とする．電源開発促進税収は概ね年間 3,000 億円程度であるが（図 4-3），それに 1,000 から 2,000 億円の一般会計予算を加え，原子力予算は 4,000 億円前後になる（図 12-1）．その使途は，研究開発と立地対策としての交付金の大きく 2 つに分かれる．

研究開発とは，概ね図 12-1 の一般会計と電源利用対策に対応しており，計 3,000 億円弱で推移してきた．福島原発事故前の 2010 年度予算で見ると，国立の日本原子力研究開発機構の経費が 1,790 億円と最も多く，放射線医学総合研究所の経費が 121 億円，大学共同利用機関法人の経費が 119 億円，軽水炉等改良技術確証試験の委託費が 103 億円などと続く．多くが文部科学省の所管領域に該当する．まさに，国自らが研究開発を担っているのである．

立地交付金と自治体

電源立地対策の手段が立地交付金である．原発の立地自治体に交付され，地域の道路や公園，上下水道，学校といった公的施設から，地場産業の施設整備や人材育成などにまで支出できる．2010 年度予算で見ると，電源立地地域対策交付金が 1,173 億円と 3 分の 2 近くを占める．これ以外にも，電源立地等推進対策交付金が 124 億円，原子力施設等防災対策交付金が 118 億円，電源立地等推進対策補助金が 102 億円などとなっており，多くを経済産業省が所管して

いる[1]．

　これを立地自治体の立場から見ると，計画段階の環境アセスメントの開始の翌年度から始まり，運転開始までの10年間で449億円が得られるという[2]．運転開始後も毎年約20億円の交付金が継続的に得られる．

　これだけの交付金が必要なのは，原発が典型的な迷惑施設，すなわちNIMBYに該当するからであろう．原発は，前述の通り国家的観点からの安全保障上の価値が高いが，それらは市場で正当に評価されない．むしろ，放射能汚染の危険性があるという意味で，立地地域から敬遠される電源である．国策による特定の負担を特定の地域に受け入れてもらうために，電源三法による見返りを用意するのである．

　それでも過酷事故などが起きなければ，固定資産税や自治体独自の核燃料税も得ることができ，また地域の雇用も増やすことができるため，便益が大きいかもしれない．しかし，過酷事故が起きた場合にその地域の負担がどうなるかは，次節以降で検討する主題である．

　もちろん，このような立地交付金制度を設けても，原発の開発は円滑にいくわけではない[3]．例えば新潟県の巻町は，1996年に日本初の条例に基づいた原発立地に関する住民投票を行い，反対派が勝利した．最終的に東北電力は，2003年にこの建設計画を撤回した．それでも気候変動問題を受けて，2000年代には原子力ルネサンスを迎えた．そして2009年の北海道電力泊原発3号機の運転開始により，日本の原子炉は54基にまで増加したのである．

第2節　福島第一原発事故による電力危機

2010年のエネルギー基本計画

　2010年に民主党政権下で策定されたエネルギー基本計画では，2030年の発電電力量の50％を原子力に頼る電源ミックスの方向性が打ち出された．2009年末の国連総会において鳩山由紀夫総理が，温室効果ガスの25％削減(90年比)を国際公約したことを受けて，ゼロエミッション電源を70％にまで高める必要があったからである．残りの20％のうち，既存の水力が10％，その他の再エネを10％にまで増やすという目標値であった．このため原子炉を2020年

までに9基，2030年までにさらに5基以上新増設する計画が立てられた．日本は，原子力ルネサンスの波に乗り，原発によって気候変動対策を行う道を選ぼうとしていた．

福島第一原発のメルトダウン

そこを襲ったのが，2011年の福島原発事故である．マグニチュード9.0の東日本大震災と安全基準をはるかに超える高さの津波により，福島第一原発では非常用電源が水没するなどして全電源喪失が起きた．皮肉なことに，原発は電力供給を失ったら制御できなくなる．原子炉の冷却が困難になった結果，炉心溶融（メルトダウン）や水素爆発が発生し，大量の放射性物質を外部に放出するに至った．それは，国際原子力事象評価尺度(INES)のレベル7という，人類史上最悪のチェルノブイリ原発事故に並ぶ深刻度であった．

過酷事故が現実に発生した際の東京電力の備えは全く不十分であり，原子炉の冷却など緊急時対応は後手後手に回った．総理官邸や原子力安全・保安院を含めた政府の対応も場当たり的と批判され，また地方自治体を含めた住民の避難対応も混乱した．未曽有の震災と原発の過酷事故が重なって生じる事態を，誰も想定していなかったのである．

福島県内の長期的な避難者は，最大で16万人を超え（2012年5月時点），2017年7月現在でも57,538人にのぼり，浪江町，大熊町，双葉町などには避難指示が出されたままである．放射能汚染などにより地域コミュニティが崩壊するとともに，農作物や家畜，自然環境にも大きな被害が及んだ．原子力発電という民間企業の事業が，甚大な環境問題を引き起こしたのである．

計画停電と需給ひっ迫

もう1つの電力危機は，2011年3月末の大規模な計画停電を頂点とした需給ひっ迫である．これについては第9章第6節ですでに触れたが，集中型エネルギーシステムが大規模災害に脆弱であることが露呈されたと考えられる．再エネなどの分散型電源や市場メカニズムを通した需給調整，広域的なネットワークによる電力融通が，安定供給に寄与することが，再認識されたと言うべきであろう．

このような歴史的な事件が発生すると，しかもそれが過去の政策の失敗に起因している場合には，大きな政策転換を考えざるを得ない．エネルギーミックスでは原子力を優先し，電力システムについては(事実上の)独占・発送電一貫体制を維持するという既定路線に対して，脱原発や発送電分離，再エネの大量導入といった政策アイディアが，にわかに「課題設定」されることになった．これらが，エネルギーミックスの見直し(本章第6節)と電力システム改革の議論(第9章第6節)につながったのである．

第3節　東京電力の事故責任と費用負担

原子力損害賠償法と東京電力の事故責任

過酷事故の発生により，東京電力は突如として巨額の負債を負った．第1に原発事故の損害に対する賠償費用，第2にメルトダウンした福島第一原発に関する汚染水問題を含む短期的な対応や長期的な廃炉の費用，第3に周辺地域の除染や廃棄物の中間貯蔵など関連する原状回復の費用が挙げられる．2011年末の段階の見積もりで，これら事故関連費用は5.8兆円とされ[4]，東京電力1社で賄えるものではなかった．

この未曾有の過酷事故に当たり，その責任と負担のあり方が議論となった．原賠法には，原発事故に際して事業者への責任集中と無過失・無限責任が定められている(同法3条)．通常の民法709条の規定では，加害者の過失責任が原則だが，原発の特殊性に鑑みて原賠法ではこのような厳しい規定とし，1,200億円を上限とする損害賠償責任保険を義務付けた上で(同法7条)，「国の措置」として「必要な援助を行なう」(同法16条)としている．と同時に，3条に免責条項を設け，「異常に巨大な天災地変又は社会的動乱に」因る場合にはこの限りではなく，その際には国が「必要な措置を講ずる」(同法17条)ことになっていた．

したがって第1の論点は，この免責条項が適用されるかということであった．東京電力は当時の安全規制を満たしていたのであり，1000年に一度と言われるような「想定外」の巨大地震・津波が事故の主因とすれば，免責条項が適用されるとの指摘もあった．これに対して，当時の枝野幸男内閣官房長官は，記

者会見などにおいて「免責条項が適用されるとは考えられない」と牽制した[5]. 混乱した状況の中で十分に検討する時間的余裕もなく，結局東京電力は免責条項の適用を法的に争わないことに決したようだ．しかしそれは，賠償責任を負うことを意味し，前述の 1,200 億円だけでは債務超過に陥ることは明らかであった．それでは東京電力を破綻させるべきかという問題が，第2の論点である．

東京電力の破綻問題

　汚染者負担の原則（第10章第1節）に拠れば，東京電力が上記の全ての費用を負担すべきであり，できなければ民間企業として破綻処理されざるを得ない．これに対して，東京電力を破綻させれば社員がいなくなり，未だ安定化していない事故炉への対応ができなくなる，莫大な損害賠償の責任主体がいなくなり被害者が困る，首都圏の電力供給が停まるといった懸念が指摘された．また東京電力は大量の社債や株式を発行しており，これを破綻させれば金融市場が混乱するといった声も上がった．

　これらへの反論として，日本航空は 2010 年に破綻処理されたが飛行機は飛び続けたように，法的に破綻させても日々の電気事業の運営は維持できる，今後の損害賠償や事故対応には，東京電力のあり方とは無関係に国が全面的に関与せざるを得ないし，国の責任からもそうすべき，東京電力を救済する前に株主や債権者に責任を取らせ，国民負担を最小化すべきといった指摘がなされた．

　最終的に政府が東京電力を破綻させない道を選んだことは，周知の通りである．これに対して，経済産業省が困難な事故対応の矢面に立ちたくなかったから，あるいは財務省が賠償などの青天井の財政負担を回避したかったから，といった指摘もなされた．

原子力損害賠償支援機構の設立

　そうすると第3の論点は，東京電力だけでは負担しきれない事故関連費用を，誰がどのようにして負担するかに移る．このため政府は，2011 年8月に原子力損害賠償支援機構法を制定し，翌月に原子力損害賠償支援機構（以下，支援機構）を設立した．

　支援機構は，全原発事業者から継続的に一般負担金を集め，この積み立てを

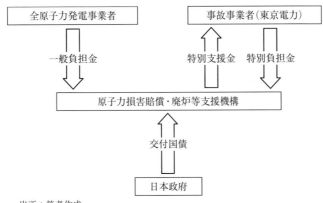

出所:筆者作成.

図12-2 原子力損害賠償・廃炉等支援機構を通した原発事業者支援の枠組み

原資として事故時には当該事業者に対して,無制限に「特別資金援助」を行う組織である(図12-2).本来事故関連費用は保険などの形で予め用意しておくべきだったが,1,200億円では全く足りなかったため,事後的にこのような損害賠償の仕組みを設けたのである.なお,2014年8月には支援機構の業務に廃炉も加えられ,原子力損害賠償・廃炉等支援機構に改組された.

会計規則上この資金援助(特別支援金)は,借入金ではなく特別利益として扱われることになったため,東京電力は債務超過を免れることができた.東京電力は損害賠償費用が必要になるたびに支援機構に資金援助を要請し,2017年9月22日までの交付は計68回,総額は7.4兆円に達している.設立されたばかりの支援機構には十分な積み立てがないため,政府が発行する交付国債の償還を通じてこの資金を調達している.東京電力は,事故事業者として一般負担金以外に特別負担金を納付することで,この資金援助を長期的に返還することが求められている.

東京電力の実質国有化

その後さらに経営を安定化させるため,2012年7月に政府は,支援機構を通じて東京電力に1兆円の公的資本の注入を行い,株式の過半を握ることになった.実質的に国有化されたのである.東京電力は,毎年支援機構に対して,

経営改革方針を盛り込んだ「総合特別事業計画」を提出することが義務付けられており，政府の監督下で経営の再建と事故対応を行うことになっている．

このような枠組みにより，東京電力が破綻することは原則としてなくなり，損害賠償や廃炉といった事故処理に集中できる．原子力政策における国の責任を考えれば，このような援助を行うことはやむを得ないとの指摘もある．一方で，政府援助は国民負担を意味し[6)]，汚染者負担の原則に反するため，事業者のモラルハザードを助長しかねない．また，その事故関連費用は最終的にいくらになるのか予測は難しく（本章第7節），国民負担が際限なく拡大する恐れが指摘されている．

第4節　福島第一原発事故の原因究明と「規制の虜」

事故調査委員会による原因究明

福島原発事故の責任について，原賠法上は東京電力の無過失責任かもしれないが，それはあくまで過失の有無を問わないと言っているに過ぎない．それでは，未曽有の過酷事故の原因は何なのか，「想定外」でやむを得ない自然災害だったのか，東京電力に過失はなかったのか，政府には責任がなかったのかといった点を明らかにしなければ，同じことが繰り返されてしまう怖れもあるだろう．

そのため，国会と政府それぞれに事故調査委員会が設置され，事故原因の究明のために東京電力や政府など膨大な数の関係者への聞き取り調査が行われた．国会事故調（黒川清委員長）は2012年7月5日に，政府事故調（畑村洋太郎委員長）は2011年12月16日（中間報告）と2012年7月23日（最終報告）に調査報告書を提出した．

国会事故調の報告書（要約版）に依拠すれば，「事故の根源的原因」について，「3.11時点において，福島第一原発は，地震にも津波にも耐えられる保証がない，脆弱な状態であった」とし，事前の安全対策が不十分であったこと，またこのような状況について（原子力安全・）「保安院と東電の間で認識が共有されていた」こと，さらに「規制を導入する際に，規制当局が事業者にその意向を確認していた」こと，「規制当局はまた，海外からの知見の導入に対しても消極

的であった」ことを指摘している．その上で，「今回の事故は，これまで何回も対策を打つ機会があったにもかかわらず，歴代の規制当局及び東電経営陣が，それぞれ意図的な先送り，不作為，あるいは自己の組織に都合の良い判断を行うことによって，安全対策が取られないまま3.11を迎えたことで発生したものであった」と，断定している．

「規制の虜」

そして国会事故調は，このような電力会社と規制当局との関係を「規制の虜」(Regulatory Capture)と説明した．すなわち，「歴代の規制当局と東電との関係においては，規制する立場とされる立場の「逆転関係」が起き」，「その結果，原子力安全についての監視・監督機能が崩壊していた」という．その上で，「何度も事前に対策を立てるチャンスがあったことに鑑みれば，今回の事故は「自然災害」ではなくあきらかに「人災」である」と結論付けている．当時頻繁になされた，「想定外」の津波によって生じたやむを得ない事故であったとの指摘は，明確に否定された．

「規制の虜」とは，国会事故調によって作られた語句ではなく，規制政策論や公共選択論の分野における専門用語である．規制権限を元に事業者に厳格に対峙すべき規制当局が，被規制事業者に実質的に取り込まれてしまう状況を指す．本来規制当局には，被規制事業者以上の専門性と中立性が求められるわけだが，原発のような閉鎖的な業界において，事業者側に専門性や情報に関する優位性が生まれた結果，あるいは業界団体などによる政治的圧力が強く働いた結果，規制当局の中立性も阻害され，事業者の私的利益が公益に優先され，規制政策が捻じ曲げられてしまうのである．

これは，ある意味では情報の非対称性が生じたことが一因と言えるかもしれない．しかし市場の失敗としての情報の非対称性とは，本来市場取引における構造上必然的に非対称性が生じる状況を指す．だから情報弱者を政府が保護する必要が生じるわけだが，規制の虜においては，制度上情報や専門性で優越することが求められる規制当局が，それを満たしていないという怠慢が原因である．しかもそれは，自由市場における取引の結果ではなく，政府の行為そのものでもある．すなわち規制の虜とは，政府の失敗(**コラム6**)の一形態であり，

官僚制の逆機能の1つと考えられる．規制の虜を避けるためには，規制当局に一層の中立性や透明性，専門性が要求される．

　上記のような事故調査の過程は，広い意味で政策評価（第5章第2節）に該当すると言えるだろう．未曾有の被害をもたらした福島原発事故については，十分な原因究明とそれに基づいた真摯な政策転換が求められる．例えば国会事故調は，7つの具体的な提言をしているが，これまでそれらが十分に実現されてきたかと問われれば，首肯しがたい．とはいえ，その1つである「新しい規制組織」については一定の手当てがなされた．

原子力安全・保安院の廃止と原子力規制委員会の設置

　規制の虜と関連して政府に批判が集まった点の1つは，原子力事業を振興する原子力政策課と，これを規制監督する原子力安全・保安院という2つの部署が，資源エネルギー庁の中で同居しており[7]，人事も省全体の一環として行われていたことである．これについて国会事故調の「提言5」では，「政府内の推進組織」，「事業者」，「政治」から独立し，「専門能力と職務への責任感」を持った新しい規制組織の設置を提案している．

　この結果2012年9月に設置されたのが，環境省の独立行政委員会である原子力規制委員会とその事務局としての原子力規制庁である．原子力規制委員会の設置においては，その委員の人選においてどう中立性を確保するか，また事務局の原子力規制庁の職員について，出身の資源エネルギー庁との関係をどうするかが，議論になった．その後原子力規制委員会は，新たな安全基準を制定し，各原子炉の再稼働に向けた審査を行っている．

　なお，福島原発事故を巡る東京電力や政府の過失の有無については，その後司法による判断に移っている．すなわち，巨大津波は予見できたのであり，東京電力は防潮堤や非常用電源などの対策を怠った，また政府もそれを命令しなかったといった主張に基づき，市民などがこれらの責任を問う訴訟を起こしている．

　刑事訴訟については，検察当局は「事故が起きることは予測できなかった」として起訴を断念したものの，検察審査会が2015年に起訴議決を出し，2016年2月に東京電力の元会長らが強制起訴された．民事訴訟については，避難住

民らが原告となり，国家賠償請求を含む集団訴訟が各地で起こされている．その内群馬県での訴訟では，2017年3月17日に前橋地裁の判決が下り，津波対策の怠慢が認定され，少額とはいえ東京電力と国に対して賠償命令が出された．また2017年9月22日には千葉地裁が判決を下し，国の責任は否定された．

第5節　原発の運転停止と燃料費の高騰

原発の運転停止と再稼働の決定

福島原発事故以降，原発の運転停止は全国に波及した．西日本などの原発は3月11日以降も稼働し続けたが，13カ月間運転すれば定期検査に入らなければならない．通常は数カ月間の検査の後に再稼働するが，過酷事故を防げなかった旧来の安全規制の下で，政府は再稼働を許可できなかったのである．

こうして2012年5月に最後の泊原発3号機が運転停止し，日本の電源ミックスに占める原子力の割合は，福島原発事故前の30%前後から0%になった（図12-3）．そのため前述の通り，ピーク需要を記録する夏を迎えるに当たり，全国的な需給ひっ迫による大規模停電が懸念された．安全性はもちろん大切だが，それにより停電が起きるのも困る．停電が起きれば人命にも関わる．安定供給を確保するため，暫定的な対策を講じた原発を再稼働すべきとの指摘が，経済界などからなされた．

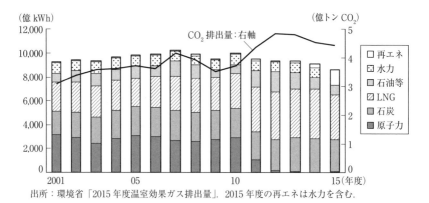

図12-3　日本の電源ミックスの推移

出所：環境省「2015年度温室効果ガス排出量」．2015年度の再エネは水力を含む．

最終的に政府は，原発依存度が高く，特に供給力不足が深刻だった関西電力の大飯原発3・4号機について，2012年6月に再稼働を決定した．原発2基が7月に再稼働したことにより，関西電力管内の供給力不足は大きく改善された．しかし結果的に見れば，その夏は全国的に節電が進み，仮に再稼働がなかったとしても停電が起きることはなかった．

燃料費の高騰と電力会社の赤字決算

　大飯原発は2013年9月まで運転を続け，再び日本は原発ゼロとなった．しかし2013年の夏も2014年の夏も全国的に節電が定着したため，もはや需給ひっ迫の危機が叫ばれることはなくなった．他方，2012年の夏以降に指摘されるようになったのが，燃料費の高騰による「国富流出論」である．

　全国の原発が運転停止した穴を補ったのは，節電だけではない．震災前には30％程度を占めていた原子力の発電電力量は，火力によって大きく補われていた(図12-3)．しかし火力発電に使われた化石エネルギーは，原子力のウランと比べれば燃料費がかさむ．そのため燃料費が4兆円程度も増え(図12-4)，貿易赤字の要因にもなっていたのである．これが国富流出だとして問題視された[8]．

　燃料費の高騰は，電力会社の財務状況を直撃した．徹底した節電により販売電力量はむしろ減少している中で(図12-3)，燃料費だけが2倍程度膨らんだた

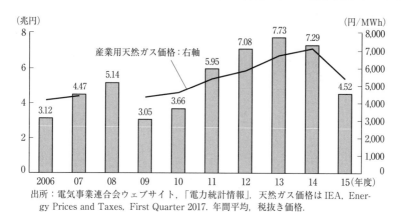

図12-4　電力10社の燃料費と天然ガス価格の推移

表12-1 主要電力会社の赤字決算と電気料金の値上げ

電力会社名	年度末連結決算(最終損益)	電気料金値上げ(実施時期)
東京電力	11年度：-7,816億円 12年度：-6,853億円	自由化部門：14.9%(12年4月) 規制部門：8.46%(12年9月)
関西電力	11年度：-2,423億円 12年度：-2,434億円	自由化部門(第1回)：17.26%(13年4月) 規制部門(第1回)：9.75%(13年5月) 自由化部門(第2回)：11.5%(15年4月) 規制部門(第2回)：8.36%(15年6月)
九州電力	11年度：-1,664億円 12年度：-3,325億円	自由化部門：11.94%(13年4月) 規制部門：6.23%(13年5月)
中部電力	11年度：-922億円 12年度：-322億円	自由化部門：7.21%(14年4月) 規制部門：3.77%(14年5月)

出所：各社プレスリリース等を基に筆者作成．

め，赤字決算が続出した(表12-1)．やむなく多くの電力会社は，電気料金の値上げを行った．これは消費者・消費企業にとって大きな負担となり，改めて原発の再稼働の必要性が指摘された．火力に90%近くを依存した電源ミックスは，経済効率性の観点からも問題があったのである．

第6節　民主党政権下の革新的エネルギー・環境戦略

民主党政権による新たな電源ミックスの策定

福島原発事故を受けた電力危機を経て，日本国民は本格的にエネルギー問題と向き合わざるを得なくなった．当時の野田佳彦内閣は，原発の扱いをどうするかを中心としてエネルギーミックスの議論を，2011年秋から総合資源エネルギー調査会基本問題委員会において開始した．その前年に策定した，原発依存度を50%にするという「エネルギー基本計画2010」を改定せざるを得なくなったからである．

元々ポピュリスティックな傾向のあった民主党政権は，未曽有の事故を受けて国民の声に配慮した政策過程を意識するようになる．「原子力村」などと揶揄される比較的閉鎖的な場でエネルギー政策の意思決定が行われてきた反省に立ち，以前より開かれた場での議論が優先された．例えば，基本問題委員会の議事は公開され，多数の傍聴者が聞き入る状況がインターネットで生中継された．またその委員の人選に当たっては，福島原発事故前に予定されていたもの

から，原発に批判的な論者などが追加されたという．議事進行の方法も，資源エネルギー庁の事務局が一定の結論を想定して予定調和的に誘導する一般的な官僚主導のものとは異なり，委員間の自由な意見の表明が中心となった．

原発のコスト論

そのエネルギー政策の見直しの過程では，原発のコスト論が注目を集めた．過酷事故が発生した以上は，安全神話が崩壊したことは否定しがたい．しかしそれだけでなく，3E＋Sの内，経済効率性にも疑問符が突きつけられたのである．

すなわち，過酷事故により莫大な事故関連費用が発生し，日本最大の電力会社が破綻に等しい状況に陥った．また，安全規制の強化や社会的受容性の問題から設備利用率が大幅に下がり，多くの電力会社が赤字に陥った．さらに以前から原発には，多額の立地交付金や研究開発費が投入されてきた．これらの追加コストや事業リスク，社会的費用を勘案しても，本当に原発のコストは低いと言えるのかが問われたのである．

このため政府は，2011年10月に内閣官房にコスト等検証委員会という審議会を設け，資本費や燃料費といった電力会社の会計上のコストだけでなく，「環境対策費用」や「事故リスク対応費用」，「政策経費」といった社会的費用も含める形で，各電源のコストを再検証した．その結果，2030年時点のモデルプラントの発電コストとして，原発は下限値を8.9円/kWhとし，この時点で見積もりが困難であった事故リスク対応費用が1兆円増すごとに0.1円/kWh上昇するという結論を出した[9]．これに対して，石炭火力は10.3円/kWh，LNG火力は10.9円/kWh，陸上風力は8.8〜17.3円/kWh，住宅用太陽光は9.9〜20円/kWhとされた．この結果が，電源ミックスの議論においても参照された．

国民的議論を通した政策決定

その後野田内閣は，基本問題委員会での議論を受けて電源ミックスの選択肢を3つに絞り，国民的議論を経て決定するというプロセスを，総理官邸（内閣官房国家戦略室）を中心に描いた．通常の政策決定過程では，政府が自らの判断

として1つの政策を選ぶ．省庁の審議会の答申の段階では「両論併記」といったこともあるが，それを受けて1つに絞るのは政府の，政治の役割と考えられてきた．だが野田内閣は，少なくとも表面的にはどれが望ましいといった注釈を付けずに，2012年6月に3つのシナリオを国民に提示したのである．その主体も，経済産業省の資源エネルギー庁ではなく，内閣官房国家戦略室であった．これは，官邸主導の政策形成と言えるだろう．

それらは，2030年時点の原発の割合を軸として，脱原発の「ゼロシナリオ」，事故前よりは原発依存度を減らす「15シナリオ」，ほぼ事故前を維持する「20-25シナリオ」である．これら原発の割合に応じて，再エネや火力の割合が増減し，経済成長や電気料金にも差が出てくる．その後8月にかけて，マスメディアによる世論調査，政府が各地で開催した説明会でのアンケート，さらに討論型世論調査(**コラム14**)まで行い，3つのシナリオに関する国民の意向を探ったのである．

■ コラム14 討論型世論調査

討論型世論調査とは，北欧などで実践されている政策形成の手段の1つである．一般に政府は世論調査やパブリックコメントなどを通じて国民の意向を知り，政策に反映させる．しかし通常のアンケート調査などでは，多くの国民は十分な情報や知識を持っていない状況で瞬時に回答せざるを得ず，その結果は表面的なものに止まる可能性が高く，効用には限界がある．これに対し，回答者に十分な量の情報や知識を与え，一定の思考を経て判断を下してもらうのが，討論型世論調査である．

具体的には，無作為抽出で数百人といった母集団を選び，数日といった時間をかけて集まってもらい，その政策課題についてグループ討論や専門家への質問などを行う．特定の結論に誘導するのではなく，あくまで自由に意見交換してもらうのだが，その結果各自は深い判断ができるようになり，より本質的な意見が得られるようになる．さらに，そのような討論を行う前と後での意見や選好の変化に着目することも興味深い．そのような過程を経た世論調査の結果は，政策形成においてより参考になると考えられる．

日本ではこれまで，研究機関や自治体が主催した限られた事例を除けば，

討論型世論調査が本格的に実施されたことはなかった．しかし福島原発事故後のエネルギー政策や所管省庁への国民の信頼の低下を受けて，当時の野田内閣が「エネルギー・環境の選択肢」についてこの実施を決めた．2012年8月4日から5日にかけて，慶應義塾大学に285名を集めて討論型世論調査が実施された．その財源は，経済産業省の電源立地推進調整等事業に依った．

その最終結果は，ゼロシナリオが46.7%，15シナリオが15.4%，20-25シナリオが13%であった．討論前の段階の調査では，それぞれ32.6%，16.8%，13%であったため，大幅にゼロシナリオが増えたのである．

討論型世論調査の最大の短所は，そのコストである．数百人を数日間集めるというのは，費用面でも社会的にも負担が大きい．したがって，あらゆる政策分野について大々的に行うことはできない．また，これをやりすぎると，代議制民主主義との役割分担という問題も出てくるだろう．したがって，世論を二分するような大きなテーマ，あるいは地域住民に直接影響を与えるようなテーマについて，厳選した機会を設けて開催することが，効果的と考えられる．

革新的エネルギー・環境戦略の決定

その結果は，多くの調査において半数前後がゼロシナリオを支持するというものであった．これを受けて2012年9月に野田内閣は，「2030年代に原発稼働ゼロを可能とする」，「革新的エネルギー・環境戦略」を決定した(表12-2)．実質的にゼロシナリオを選んだのである．しかしこれに対して，経済界などは強い反対を表明した[10]．

第5章第2節の政策過程の説明では，大きな政策革新には政治的コストがかかると指摘したが，脱原発と再エネへのエネルギー転換は，まさにそれに該当するだろう．民主党政権はそれに向けて官邸主導で努力したのかもしれないが，十分な社会的支持を集めることができず，合意形成に失敗した．内閣官房国家戦略室を中心として革新的エネルギー・環境戦略を決定した後，資源エネルギー庁の協力を得られず，エネルギー基本計画や施策として具現化することができなかった．そうしている間に，政権交代という政治権力の転換が生じたので

表12-2 2030年(代)の電源ミックスの目標値の推移

決定時期	政策名	原子力の割合	再エネ(水力含む)の割合
	(2010年度実績)	26%	11%
2010年6月	エネルギー基本計画2010	50%	20%
2012年9月	革新的エネルギー・環境戦略	0%	30%
2015年7月	長期エネルギー需給見通し	20〜22%	22〜24%

出所：各政府文書．2010年度の電源ミックスの実績は電力調査統計．

ある．これに伴い，エネルギー政策は再度ゼロから見直されることになった．

第7節　自民党政権下のエネルギー基本計画2014

政権交代と2014年のエネルギー基本計画

2012年12月の衆議院総選挙で民主党は大敗を喫し，政権交代が実現した．自公連立の安倍晋三内閣は，革新的エネルギー・環境戦略を「ゼロベースで見直」すとし，民主党政権時代の基本問題委員会のメンバーを大きく入れ替えて，2013年3月からエネルギー基本計画の議論を再開した．その議事進行は，資源エネルギー庁の事務局主導の予定調和的なものに戻り，2014年4月に「エネルギー基本計画2014」を閣議決定した．

この中では，原子力を3Eの観点から「重要なベースロード電源」と位置付け，「可能な限り低減させる」一方で「再稼働を進める」とした．民主党政権の脱原発政策は明確に撤回されたのである．一方で，再エネの導入目標値が脚注に加筆された以外は，エネルギーミックスや電源ミックスの具体的目標値は明記されなかった．国民の原発に対するアレルギーが強いことに，総理官邸が配慮したためと言われている．

その後安倍内閣はさらに1年をかけ，電源ミックスの目標値の議論を進めた．その結果が，2015年7月に策定された，「長期エネルギー需給見通し」である．この中で，2030年の電源ミックスとして，原子力は20〜22%，再エネは22〜24%という数値が示された(表12-2)．事故前のエネルギー基本計画2010と革新的エネルギー・環境戦略の間をとったような目標値に落ち着いたのである．

原発事業の不確実性

こうして原子力政策は，概ね事故前の状況に戻ったと言えよう．しかし原発事業そのものは，順調に回復していない．第1に，既存の原発の再稼働に時間がかかっている．2012年に設置された原子力規制委員会の下で，全ての原発は改めて新たな安全規制に基づいた審査を通らなければ再稼働できない．前述の通り，関西電力の大飯原発が例外的に再稼働を許されたものの，これらが運転停止した2013年9月以降，日本では再び原発ゼロの状態が続いた．2015年8月に九州電力の川内原発1号が新規制基準下で初めて再稼働したものの，2017年10月時点で全国で5基（川内原発1・2号，伊方原発3号，高浜原発3・4号）に止まっている．

第2に，一旦審査を通って再稼働した高浜原発が，司法によって停止させられる事態に陥った．2016年1月に高浜原発3号が，2月に4号が再稼働したが，3月に反対派市民による運転差し止め訴訟にあい，大津地裁により仮処分の決定が下された．これについては，2017年3月に改めて大阪高裁が関西電力による不服申し立てを認め，仮処分は覆された．とはいえ，原発の社会的受容性は回復しておらず，訴訟リスクを抱えることが顕在化したのである．

第3に，原発を維持・運転していく費用の高騰である．新たな安全規制を満たすために発生する対策費用の見積もりは，原発事業者11社合計で3.8兆円に達するという[11]．そのため福島原発事故以降，運転開始から40年が経過している原発6基の廃炉が決まった．これらはいずれも出力規模の小さなものであり，追加安全対策の費用のため採算が取れないと判断されたという．

第4に，福島原発事故の対応費用が，2011年の見積もりの5.8兆円（本章第3節）に対して，2013年には11兆円とされていたが，さらに21.5兆円に達することが，2016年末に政府より発表された．東京電力は全てを負担できないため，一部を国費や電気料金（新電力の顧客を含む）で賄うことが決定された．汚染者負担の原則は貫かれていないのである．

日本のエネルギー政策の行方

このように原発事業の不確実性は高く，少なくとも日本では持続可能と言い難い状況に陥っており，新たな展望は見えていない．一方で，気候変動対策は

待った無しの状況にあり，電源ミックスの90%近くを化石エネルギーが占めるという状況は，エネルギー自給の観点からも極めて異常といえよう．

また電力システム改革(第9章第6節)については，政府は計画に基づいて着実に進めている一方で，その行方は不透明になりつつある．上記の通り，原発の再稼働や東京電力の経営について厳しい状況が続いており，これらに関する政府の政策判断次第では，自由化市場での競争条件が大きく変わりかねない．2016年4月の小売り全面自由化を受けて，300社を超える新規参入者が現れたが，2017年6月時点で新電力の低圧受電分の市場シェアは5.76%に止まっている[12]．一般に電力自由化を進めると，リスクの高い原発の維持が困難になるとの指摘もあり[13]，政府は競争を優先させるのか国策を優先させるのか，難しい舵取りを迫られている．

また再エネについては，新たな出力抑制ルール(第11章第2節)により投資が滞り始めている．送電事業の中立化は十分でなく，早期の発送電分離が待たれるところだが，ドイツのような分散型とは異なる方向に進んでいるようにも見える．このような不透明性や矛盾を，どのような政策によりどのような過程を経て解いていくか，課題は残されたままである．

〈主要参考文献〉

原発事業の包括的な歴史は，以下にわかりやすく整理されている．
- 吉岡斉(2011)『新版 原子力の社会史』朝日新聞出版．

福島原発事故後に議論になった，社会的費用を含めた原発の真のコストについては，以下を参照されたい．
- 大島堅一(2013)『原発はやっぱり割に合わない――国民から見た本当のコスト』東洋経済新報社．

福島原発事故後の政治過程・政策過程は今なお進行中と言える．政府発表文書や審議会の議事録などが基礎的な1次文献となるが，代表的な2次文献としては，以下が挙げられる．
- 齊藤誠(2015)『震災復興の政治経済学』日本評論社．

- 辻中豊編(2016)『大震災に学ぶ社会科学 第1巻 政治過程と政策』東洋経済新報社.

---

1) 電源立地地域対策交付金が発電用施設周辺地域整備法に基づく交付金であり，それ以外は発電用施設の設置及び運転の円滑化に資するための財政上の措置と区分される．
2) 資源エネルギー庁「電源立地制度の概要」2010年3月．135万kWの原発が新設された場合の，立地所在市町村，周辺市町村，都道府県の財源効果の合計．
3) 立地交付金には「無駄遣い」が多く，それでも1980年代後半以降は剰余金が大きく積み上がるなどした問題点が，指摘されている．深澤(2006)．
4) エネルギー・環境会議コスト等検証委員会「コスト等検証委員会報告書」，2011年12月19日．「事故リスクへの対応費用」として，追加の廃炉費用，損害賠償費用，除染関連費用などの合計．
5) 例えば，2011年4月27日記者会見，5月2日参議院予算委員会．
6) 特別支援金の原資である交付国債の利払いは国が負担している．
7) 厳密には，原子力安全・保安院は資源エネルギー庁の特別の機関であった．その場所は，資源エネルギー庁が置かれている経済産業省別館であった．
8) ただし，図12-4の折れ線グラフの通り，円安なども受けて天然ガスなどの単価が高騰したことも影響している．
9) 前掲注4)報告書．
10) 例えば，経済三団体は2012年9月18日に緊急会見を開催し，「経済界として，このような戦略を到底受け入れることはできない．政府には責任あるエネルギー戦略をゼロからつくり直すよう，強く求める」と意見表明した．
11) 朝日新聞，2017年7月8日．
12) 資源エネルギー庁「電力調査統計」．
13) 拙稿(2014)．

終章
エネルギー問題の行方，エネルギー政策の役割

　本書は，エネルギー政策に関する初の体系的な教科書として，エネルギー問題について考え，その解決・対処策を議論してきた．エネルギーは経済社会に必要不可欠な財でありながら，枯渇性や海外依存，価格変動や環境への悪影響，安全性への懸念といった様々な制約を抱えており，それらが相矛盾することも多い．だからこそ，エネルギー政策は複雑な構図を呈する．終章として，本書を通底する論点を改めて整理すれば，以下の4つになろう．

市場と政府の相克
　第1に，市場と政府の相克である．エネルギーは公共財でないため，政府が直接供給する必然性はない．かといって市場に任せれば前述の制約を克服できないため，市場と政府の役割分担を考えなければならない．その鍵となる概念は，市場の失敗である．多くの財は，市場取引に委ねることで最適の資源配分が実現されると考えられるが，エネルギーはそうではない．安全保障上の重要性から原発は「国策」で推進されてきたし，自然独占性が高い電力は長らく法定独占が認められてきた．しかしそのような役割分担は，1990年代以降大きく変容している．
　経済のグローバル化という潮流に鑑みれば，電力自由化のように規制改革を通して市場の役割が大きくなると考えられる．一方で，反グローバル化の主張は勢いを増しており，エネルギー安全保障や環境問題の重要性に鑑みれば，さらなる政府の介入が必要とも言える．どのような政策を採用するかで，各エネルギーの市場における浮沈が決まってくる．政府はどの程度市場に介入すべきか，その際の政策手段は何か，市場との相克はこれからも続きそうである．

経済と環境の対立と両立

第2に,経済成長と環境保護の対立である.化石エネルギーは,気候変動というグローバルな環境問題をもたらし,21世紀の人類が直面する最大の危機となりつつある.その解決の切り札とされる再エネも,景観破壊をもたらすことがある.これらは負の外部性の現れであるが,エネルギーを消費し,経済成長することは,人類にとって止められない本質であり,これと環境を両立させることは容易ではない.

他方で,社会的費用を客観的に勘案すれば,経済と環境の間に何らかの妥協点が見出せるはずである.「持続可能な発展」という概念は,まさにそれを問うているのであり,そこに政治の知恵が求められている.実際に欧州では,「グリーン成長」の可能性が指摘され,「デカップリング」も起きつつある.企業や消費者を巡る複雑な利害関係を解きほぐし,責任と費用負担を適切に分配することが求められている.

国際関係のあり方と国家政府の役割

第3に,動揺する国際関係のあり方である.エネルギー問題はグローバルな問題である.化石エネルギーの偏在性が国際関係に対立軸を生み出し,石油危機が勃発した.気候変動問題では,汚染者と被害者が国境を越えて分布しており,一国のみで解決できるものではない.

しかしながら,既存の国民国家体制において,政策を講じられるのは原則として国家政府である.政治のグローバル化が期待できない以上,国家政府間の協調が不可欠だが,国家には独自の利害が存在するため,それは容易ではない.理論的には,各国が自国の再エネと省エネに大きく依存するようになれば多くの問題は解消されるが,それは遠い先の話であろう.当面の間,エネルギー安全保障は集団的な形での確保を目指すしかないが,21世紀の国際関係は動揺している.テロリズムの影響も受けて中東地域はさらに不安定になり,また先進国においても自国第一主義が勢いを増し,自由貿易が脅かされている.このような中で各国政府には,今後とも国際協調と国内調整のバランスという難しい舵取りが迫られるだろう.

政府の失敗と政策転換

　第4に，政府の失敗の可能性と政策転換の必要性である．エネルギー政策でも，「失敗」が起こりうる．時代環境や技術革新によっても政策転換が求められる．現実に1990年代以降，自由化といった規制改革は進展している．と同時にそのような動きには反作用が付きものであり，例えば気候変動対策は遅れに遅れている．

　2011年の福島原発事故は，日本のエネルギー政策に戦後最大の危機をもたらし，決定的な転換点となりうると思われた．しかしここ数年間でその政策内容や形成過程は旧に復し，政策転換は止まったようにも見える．一方でその実施は順調に進んでいないことも事実であり，結果としてエネルギー自給率は高まらず，二酸化炭素の排出削減も進まず，さらに電力自由化も進まない結果に終わる危険性がある．

　政策がどうなるか，転換が起きるか起きないか，全てが一種の政治的決断の結果と言えよう．と同時にそれは，政治だけで簡単に決められるものではない．市場の力が働き，市民の声も少なからず無視できないなど，多様な政策主体の相互作用の末に政策過程が紡ぎ出されていく．これも政策研究の対象である．

21世紀のエネルギー政策への期待

　このように21世紀のエネルギー問題は多岐にわたり，トリレンマに止まらない複雑な対立や矛盾を内包している．それでも我々は解決策を見出し，多様な主体の間で合意を形成しなければならない．各国ともそれに全力を傾けているわけだが，特に日本のエネルギー政策は，それらの問題に適切に応えられていないように思われる．実際に世論調査によれば，高水準の支持率を維持してきた安倍内閣の主要政策の中で，最も国民から評価されていないのは，「エネルギー・原発政策」であるという[1]．

　もちろん，現在の日本のエネルギー政策を高く評価する人もいるだろう．何が真に適切か，正解かが判明するのは，20年後かもしれない．20年後に一度成功と評価されたものが，30年後には失敗と再評価されることもありうる．そのような不確実性があるとしても，エネルギー政策について多様な立場の人々の間で議論が深まることは，少しでも正解へ近づく不可欠なプロセスとなろ

う.

政策研究の重要性

本書は，エネルギー政策の初学者を対象としている．そのような方々は，本書で得られた理論や知識を応用し，さらに自ら関心のあるテーマを選び，調査や研究を深めて頂きたい．第Ⅳ部の5つの個別テーマは，筆者なりに厳選したつもりだが，これら以外にも重要なテーマはあるだろう．

例えば，「石炭政策の転換と夕張市の財政破綻」と題したテーマであれば，地域経済とエネルギー産業の関係，国の政策転換の自治体への影響などを分析できるだろう．本書で扱った「エネルギー自治」の概念と比較する余地もあるかもしれない．あるいは，「脱原発を巡る日本とドイツの比較政策分析」というテーマも面白いかもしれない．人口や経済力，技術力が似た両国で，ここまで対照的なエネルギー政策が採用されるようになった経緯は，大変興味深い．

これまで閉鎖的な秩序の中で培われてきた日本のエネルギー政策が，幅広く研究の対象になり，その成果が少しでも多く社会に発信されることを期待したい．それが，日本の，世界のエネルギー政策を少しでも発展させていく確実な方法であり，筆者もその一端を担うべく，エネルギー政策の研究を続けていく覚悟である．

---

1) 「社会保障・福祉」の34%，「景気・雇用」の30%を超えて，評価しない割合が40%と最も高かった(複数回答)．朝日新聞朝刊，2017年5月2日.

〈引用文献一覧〉

植田和弘監修，大島堅一・高橋洋編著(2016)『地域分散型エネルギーシステム』日本評論社．
エネルギー・環境会議「革新的エネルギー・環境戦略」2012年9月14日．
「エネルギー基本計画」2010年6月，2014年4月．
エネルギー・環境会議コスト等検証委員会「コスト等検証委員会報告書」2011年12月19日．
大島堅一(2013)『原発はやっぱり割に合わない』東洋経済新報社．
経済産業省「長期エネルギー需給見通し」2015年7月．
経済産業省「平成29年度　資源・エネルギー関係予算の概要」2017年3月．
財務省主計局「特別会計ガイドブック」平成26年版．
財務省主税局「平成28年度　租税及び印紙収入予算の説明」2016年1月．
佐藤誠三郎・松崎哲久(1986)『自民党政権』中央公論社．
資源エネルギー庁『エネルギー白書』．
資源エネルギー庁「2015年度エネルギー需給実績(速報)」2016年11月18日．
資源エネルギー庁「電源立地制度の概要」2010年3月．
資源エネルギー庁省エネルギー対策課資料「トップランナー機器の現状と今後の対応に関する整理(案)について」2015年1月20日．
資源エネルギー庁石炭部石炭課資料「石炭政策の歴史と現状」2009年2月5日．
資源エネルギー庁石油精製備蓄課「石油備蓄の現況」2017年9月．
高橋洋(2014)「電力自由化は原子力政策を阻害するか？——国策と競争の狭間で」『公共政策研究』14巻，pp. 51-64，日本公共政策学会．
滝川薫編著(2012)『100％再生可能へ！欧州のエネルギー自立地域』学芸出版社．
辻清明(1995)『日本官僚制の研究』新版，東京大学出版会．
東京電力福島原子力発電所事故調査委員会(2012)『国会事故調』要約版．
トフラー，アルビン，徳岡孝夫訳(1982)『第三の波』中央公論新社．
深澤映司(2006)「電源開発促進対策特別会計を巡る改革のあり方」『レファレンス』670, pp. 114-130，国立国会図書館．
村松岐夫(1981)『戦後日本の官僚制』東洋経済新報社．
村松岐夫(1988)「民営化・規制緩和と再規制の構造」『レヴァイアサン』2号，pp. 118-135，木鐸社．
安田喜憲(1995)『森と文明の物語——環境考古学は語る』筑摩書房．
リプスキー，マイケル，田尾雅夫訳(1998)『行政サービスのディレンマ——ストリート・レベルの官僚制』木鐸社．

BDEW, BDEW-Strompreisanalyse November 2016.
ENTSO-e, Statistical Fact Sheet 2015.
Federal Ministry for Economic Affairs and Energy（独連邦経済エネルギー省），Renewable Energy Sources in Figures 2015.
Federal Ministry of Economics and Technology, Federal Ministry for the Environment（独連邦経済技術省・環境省），Nature Conservation and Nuclear Safety, Energy Concept, September 28, 2010.
Global Wind Energy Council, Global Wind Report 2016.
IAEA, Nuclear Power Reactors in the World, 2016.
IEA, CO_2 Emissions from Fuel Combustion 2015, 2016.
IEA, Coal Information 2016.
IEA, Electricity Information 2010, 2016.
IEA, Energy Balances of OECD Countries, 2013, 2015.
IEA, Energy Balances of non-OECD Countries, 2012, 2015.
IEA, Energy Prices and Taxes, Fourth Quarter 1998, 2010, First Quarter 2017.
IEA, Natural Gas Information 2012, 2016.
IEA, Natural Gas Prospects to 2010, 1986.
IEA, Oil Information 2000, 2016.
IEA, Renewables Information 2008, 2016.
IEA, Trends in photovoltaic applications 2016.
IEA, World Energy Outlook, 2009, 2015.
IPCC, Climate Change 2013: The Physical Science Basis. Contribution of Working Group I to the Fifth Assessment Report of the IPCC.
IPCC, Climate Change 2014: Synthesis Report.
IRENA, Roadmap for a renewable energy future, 2016 edition.
IRENA, Renewable Energy and Jobs, Annual Review 2016.
Kaplan, Eugene J., Japan, the government-business relationship: a guide for the American businessman, U.S. Department of Commerce, Bureau of International Commerce, 1972.
OECD, Divestment and Stranded Assets in the Low-carbon Transition, 2015.
US Energy Information Administration, Levelized Cost and Levelized Avoided Cost of New Generation Resources in the Annual Energy Outlook 2016.

あとがき

　筆者がエネルギー政策の研究を始めたのは，2009年に東京大学先端科学技術研究センターから富士通総研に移ってからである．情報通信政策に関する博士論文の次に筆者が選んだテーマが，電力・エネルギー分野の規制改革であった．そこでは，かつての情報通信分野と同様に，閉鎖的な産業構造や政府の規制が，再エネやスマートグリッドといったイノベーションを阻害しており，発送電分離といった構造改革が不可欠なことを直感した．しかし当時の日本では，発送電分離を行わないことが既定路線であり，筆者が唱えるような構造改革はタブー視されていた．そのような中で恵まれた研究環境を与えてくれた富士通総研に，改めて感謝申し上げたい．

　それから8年が経過し，2011年の福島原発事故を経て，エネルギーを巡る政策環境は大きく変わった．エネルギー問題が国民の一大関心事になるとともに，筆者の研究対象は，電力分野の規制改革から諸外国の再エネ政策や自治体のエネルギー事業，化石エネルギーや原子力にまで広がった．審議会の委員として政策形成に関与する機会も得，この間様々な観点からエネルギー政策について考えてきたつもりである．

　これらの傍で，筆者は成城大学で「比較政策論」，上智大学で「規制と政治」や「エネルギーと環境」といった授業を担当する機会を得，エネルギー政策を学問的に体系化する作業も進めてきた．2015年に現在の都留文科大学に着任し，エネルギー政策を授業で教える機会がさらに増えた．エネルギー問題への社会的関心が高まる中で，エネルギー政策を体系的に整理した教科書が存在しないことに気付いたのは，このような経緯からである．こうした問題意識から執筆したのが，本書である．

　本書は，博士論文を出版した『イノベーションと政治学　情報通信革命〈日本の遅れ〉の政治過程』(勁草書房)，福島原発事故直後に著した『電力自由化——発送電分離から始まる日本の再生』(日本経済新聞出版社)に続く，三冊目の単著である．研究者としての活動も10年が経過し，公共政策論的観点から「中間整理」を試みたつもりである．「教科書」として，できる限り客観的かつ

分かり易い表記を心がけるとともに，国際関係から地方自治，経済学からエネルギー論まで，幅広い学問領域の融合を図るよう心がけた．その試みが成功しているかどうかは，読者の判断に委ねたい．

　筆者に大学教員としての活動の場を提供してくれている都留文科大学と関係各位には，改めて感謝申し上げたい．また，公共政策論ゼミを始めとした本学の学生には，本書をまとめる上で必要な様々な示唆を，授業を通して頂いた．

　エネルギー政策の研究においては，植田和弘京都大学名誉教授，大島堅一龍谷大学教授，高村ゆかり名古屋大学教授，安田陽京都大学特任教授，竹濱朝美立命館大学教授，金森絵里立命館大学教授，上園昌武島根大学教授，林大祐立命館大学准教授，歌川学産業技術総合研究所主任研究員らに，現在まで大変お世話になってきた．大島教授と安田教授には，本書の原稿に貴重なコメントをいただいた．心より御礼申し上げる．

　兼務先である自然エネルギー財団にも，大野輝之常務理事，大林ミカ事業局長を始めとして，大変お世話になっている．北風亮，木村啓二，分山達也の各上級研究員には，本書の原稿に貴重なコメントを頂いた．深く感謝申し上げたい．政府の審議会などを通して大変お世話になったのは，八田達夫アジア成長研究所所長，大田弘子政策研究大学院大学教授，松村敏弘東京大学教授，飯田哲也環境エネルギー政策研究所所長らである．心より御礼申し上げる．

　筆者を研究者として一から育ててくれたのは，御厨貴東京大学名誉教授である．東大・先端研で論文指導が終わった後も，筆者が壁にぶつかる度にご指導頂いており，心より御礼申し上げたい．また，先端研時代以来ご指導頂いている，玉井克哉東京大学教授，飯尾潤政策研究大学院大学教授，牧原出東京大学教授，手塚洋輔大阪市立大学教授にも，改めて御礼申し上げたい．また岩波書店の石橋聖名氏には，本書の企画段階からお世話になり，何度も的確な指示をして頂いた．心より感謝申し上げる．

　最後に，自由気ままな仕事ぶりを陰から支え続けてくれている，妻智子と長男優希に感謝の気持ちを表すことをお許し頂きたい．

　　2017 年 10 月

　　　　　　　　　　　　　　　　　　　　　　　　　　　高 橋　　洋

索　引

欧　文

3E　　65, 68, 69, 74, 79, 88, 120, 124, 188, 191, 200, 203, 217, 230
CCS（二酸化炭素の回収・貯留）　30, 86, 184, 185, 188
GTCC（ガスタービン・コンバインドサイクル）　20, 46, 52
IEA（国際エネルギー機関）　23, 24, 54, 85, 121, 142
OPEC（石油輸出国機構）　121, 122, 141, 143
RPS 制度　90, 128

あ　行

エネルギー安全保障　10, 35, 38, 49, 62, 66-68, 71, 72, 84, 87, 105, 118, 120-123, 126, 129, 131, 135, 139, 148, 150, 152, 199, 213, 214, 235, 236
エネルギー基本計画　81, 88, 187, 216, 226, 230
エネルギー効率　16, 20, 21, 23, 32, 45, 46, 50-53, 126, 130, 147, 179, 181, 182, 184, 203, 205
エネルギー自給　29, 42, 48, 123, 199, 232
　　──率　3, 38, 51, 67, 71, 72, 126, 129, 132, 134, 192, 205, 237
エネルギー自治　208-210, 238
エネルギー政策基本法　81, 88
エネルギー損失　17, 20, 22
エネルギー対策特別会計（エネルギー特会）　82, 91, 92, 94
エネルギー転換　3, 17, 75, 100, 102, 124, 125, 131, 137, 191, 200-202, 205, 207, 209, 229
エネルギーミックス　13, 57, 74-77, 79, 81, 121, 126, 147, 185, 218, 226, 230
汚染者負担の原則　174, 175, 182, 219, 221, 231
温室効果ガス　3, 13, 122, 129-131, 175, 176, 179, 182, 183, 186, 188, 216, 224

か　行

外部性　61, 63, 76, 173, 174
　正の──　63, 64, 85, 87, 214
　負の──　63, 64, 67, 77, 86, 120, 123, 173, 179, 182, 236
核燃料サイクル　8, 38, 69, 80, 93, 107, 108, 214
ガスタービン・コンバインドサイクル　→ GTCC
カルテル　139-142

索　引　243

気候変動　1, 124, 173, 177-179, 189, 236
——対策　2, 12, 13, 29, 42, 73, 76, 87, 94, 102, 103, 126, 129-132, 150, 153, 177, 183-187, 192
——問題　1, 3, 4, 29, 32, 35, 38, 51, 67, 72, 74, 86, 87, 103, 115, 122-126, 128, 137, 148, 第10章, 191, 192, 202, 203, 209, 216, 236
気候変動枠組み条約　105, 122, 173, 182, 185, 186
規制的手法　145, 173, 174, 180-182
規制の虜　99, 161, 222, 223
規模の経済性　33, 47, 62, 155, 156, 159, 206
競争政策　85, 140, 155, 156, 160-163, 166
京都議定書　123, 182, 186, 187
グリーン成長　191, 202, 206, 236
計画的手法　81, 88, 185
経済的手法　173, 174, 180-182, 184
傾斜生産方式　119
原子力規制委員会　103, 108, 223, 231
原子力ルネサンス　38, 123, 183, 216, 217
行為規制　160, 162, 163, 165
公益事業　10, 33, 36, 63, 64, 67, 86, 89, 107, 155-157, 159
公益事業規制　84, 89, 127, 137, 155-157, 167
公共財　61, 62, 64, 65, 67, 77, 84, 91, 157, 179, 214, 215
構造規制　140, 160, 162, 165
国際エネルギー機関　→ IEA
国策民営　89, 104, 111, 137, 146, 168, 213, 214
コジェネ(熱電併給, コジェネレーション)　20, 44, 46, 50, 206-208

固定価格買取制度　24, 70, 87, 90, 100, 108, 129, 131, 184, 第11章

さ　行

シェール革命　1, 3, 4, 126, 137, 139, 150-153, 187
シェールガス　24, 33, 35, 72, 102, 126, 148-150, 152
資源ナショナリズム　141, 142
市場の失敗　57, 61, 62, 64, 65, 68, 77, 79, 84-86, 155-158, 160, 222, 235
自然独占　61, 62, 64, 77, 155-158, 160, 161
——性　10, 63, 84, 89, 123, 155-157, 161, 214, 235
私的独占　85, 139, 140, 156, 160
社会的費用　63, 175, 227, 232, 236
省エネ法　91, 108, 122, 144, 145, 182
情報的手法　174, 180, 181
情報の非対称性　61, 222
新自由主義〔的改革〕　102, 123, 159, 166, 167
スマートメーター　169, 170
政府の失敗　64, 65, 85, 100, 164, 222, 237
石油危機　20, 22, 24, 28, 29, 31, 50, 67, 89, 92, 94, 101, 103, 108, 115, 121, 122, 124, 137, 139, 142-147, 180, 183, 213, 236
石油石炭税　91-93, 184
石油備蓄〔法〕　92, 122, 142, 144
石油メジャー　10, 139-142
石油輸出国機構　→ OPEC
設備容量　37, 40, 41, 43, 49, 129, 131, 133, 146, 196, 197
ゼロエミッション　32, 34, 38, 49, 67, 69, 86, 87, 123, 131, 183, 192, 216

た　行

炭素税　　60, 68, 76, 86, 94, 98, 181, 182, 184
デカップリング　　191, 203, 204, 236
デマンドレスポンス　　169-171, 200
電源開発促進税　　91, 92, 94, 146, 184, 214, 215
電源三法　　87, 89, 94, 122, 146, 214, 216
電源ミックス　　45, 75, 76, 128, 129, 131, 133, 216, 224, 226, 227, 230, 232
電力システム改革　　155, 170, 171, 218, 232
電力自由化　　2, 3, 123, 127, 129-131, 137, 第9章, 192, 213, 232, 235, 237
電力使用制限令　　169, 180, 181
特別会計　　79, 89, 91, 146, 215

な　行

熱電併給　→　コジェネ

は　行

燃料電池　　1, 32, 46, 49-51
排出量取引〔制度〕　　86, 183, 184
発送電分離　　130, 155, 162-164, 166, 168, 171, 199, 200, 218, 232
発電電力量　　3, 40, 41, 70, 131, 192, 199, 216, 225
パリ協定　　1, 105, 123, 128, 186-188
非対称規制　　160, 161
分散型電源　　169, 207, 217
放射性廃棄物　　38, 39, 67, 69, 74, 108, 123, 183, 184, 200
法定独占　　63, 66, 85, 89, 104, 109, 111, 155-157, 159-161, 164, 169, 206, 235

や・ら　行

予防原則　　177
立地交付金　　87, 215-217
流体革命　　28, 115, 119

高橋 洋

1993年東京大学法学部卒業．（株）ソニー，タフツ大学フレッチャー大学院(法律外交修士)，内閣官房IT担当室主幹を経て，東京大学大学院工学系研究科博士課程修了(学術博士)．東京大学先端科学技術研究センター特任助教，富士通総研経済研究所主任研究員を経て，2015年より都留文科大学社会学科教授，自然エネルギー財団特任研究員．内閣府参与や経済産業省等の審議会委員を歴任．専門は公共政策論・エネルギー政策論．編著書に『電力自由化──発送電分離から始まる日本の再生』(日本経済新聞出版社)，『地域分散型エネルギーシステム』(日本評論社)など．

エネルギー政策論
2017年11月22日　第1刷発行

著　者　　髙橋　洋
発行者　　岡本　厚
発行所　　株式会社　岩波書店
　　　　　〒101-8002　東京都千代田区一ツ橋2-5-5
　　　　　電話案内　03-5210-4000
　　　　　http://www.iwanami.co.jp/
印刷製本・法令印刷

Ⓒ Hiroshi Takahashi 2017
ISBN 978-4-00-028918-4　　Printed in Japan

〈シリーズ環境政策の新地平 3〉 エネルギー転換をどう進めるか	新澤秀則 編 森　俊介	A5判 208頁 本体 3400円
〈シリーズ日本の安全保障 7〉 技術・環境・エネルギーの連動リスク	鈴木一人 編	四六判 288頁 本体 2900円
Gゼロ時代のエネルギー地政学 ーシェール革命と米国の新秩序構想ー	福富満久	四六判 158頁 本体 2000円
大　転　換ー新しいエネルギー経済のかたち	レスター・R.ブラウンほか 枝廣淳子 訳	四六判 240頁 本体 1900円
緑のエネルギー原論	植田和弘	四六判 194頁 本体 1700円
自治体のエネルギー戦略 ーアメリカと東京ー	大野輝之	岩波新書 本体 800円

――― 岩波書店刊 ―――

定価は表示価格に消費税が加算されます
2017年11月現在